yǎn zhōng xué

演 中 学

Setting the Stage for CHINESE

Plays and Performances for Grades 7–12

By Yuanchao Meng

孟援朝

CHENG & TSUI COMPANY

Boston

18 17 16 15 14 13 12 11 10 09   1 2 3 4 5 6 7 8 9 10

Published by
Cheng & Tsui Company, Inc.
25 West Street
Boston, MA 02111-1213 USA
Fax (617) 426-3669
www.cheng-tsui.com
"Bringing Asia to the World"™

ISBN 978-0-88727-530-2

Library of Congress Cataloging-in-Publication Data
Meng, Yuanchao.
    Setting the stage for Chinese : plays & performances for grades 7-12 / Yuanchao Meng
= Yan zhong xue : [chu ji ben / Meng Yuanchao]
        p. cm.
    In English and Chinese.
    Parallel title in pinyin and Chinese characters.
    ISBN 978-0-88727-530-2
  1. Chinese language--Textbooks for foreign speakers--English. 2. Chinese language--Study and teaching--English. I. Title. II. Title: Yan zhong xue.

PL1129.E5M46 2007
372.65'951--dc22
                                2007062005

Illustrated by Yuanchao Meng

Printed in Canada

PUBLISHER'S NOTE

The Cheng & Tsui Chinese Language Series is designed to publish and widely distribute quality language learning materials created by leading instructors from around the world. We welcome readers' comments and suggestions concerning the publications in this series. Please contact the following members of our Editorial Board, in care of our Editorial Department (e-mail: editor@cheng-tsui.com).

ABOUT THE AUTHOR

Yuanchao Meng teaches Chinese in the Newton Public School System in Newton, Massachusetts, where she has been performing the plays in this book with her students for six years. Her Master's Degree in Education is from Bridgewater State College in Bridgewater, Massachusetts.

CONTENTS

内 容 目 录

PREFACE

Setting the Stage for Chinese was drafted twelve years ago when I began teaching Chinese in the United States. Since then I have continuously revised the plays as I teach them, and the end result is this current volume. The sketches and rhymes in this book are based on stage productions my students performed as part of the annual Chinese New Year celebration.

This intermediate level of *Setting the Stage for Chinese* is geared toward students in grades 7–12. The six short plays are based on well-known fairy tales, traditional Chinese legends, and myths such as "Five Brothers," "The Dragon Boat Festival," and "Cowherd and Weaver Girl." Although textbook instruction is clearly important, my goal is to make Chinese learning more lively and interesting. My hope is to give students a lasting impression of Chinese language and culture through their own performances.

Much language learning takes place during preparation for a dramatic performance. While reading the scripts, students build reading skills and learn new words. While practicing their roles, they learn correct pronunciation, intonation, and rhythm. While performing, they gain confidence to speak in a foreign language in front of an audience. Throughout the learning process, the students are having fun while learning a new language and culture.

The scripts in this book were written primarily for stage productions, yet they can be easily adapted for short recitations and speaking practice in class. Imagination and creativity will add color to the original stories. Performance hints and suggestions appear between the lines within each script (*in parentheses and italics*).

Some of my students returned to see me years after graduation and told me that they still remembered the lines they learned in middle school. What an inspiration! China has so many beautiful and touching myths and legends to choose from—I hope those in this book will inspire you to seek out even more.

Special Features

   a. The plays are student-centered and focus on situational dialogues that can be used easily for classroom activities.

   b. The material can be adopted by teachers of Chinese in both heritage and mainstream schools, according to their curriculum requirements and students' needs.

c. A Teaching Reference page (in both Chinese and English) follows each play and contains background information, teaching suggestions, preparatory steps, ideas for costumes and props, stage performance suggestions, and assessment guidelines.

d. The plays are written in simple and easy-to-understand Chinese, making them easier for students to memorize.

e. The scripts are written in both Chinese and English, with pinyin included to help students pronounce words correctly.

Suggestions for Getting Started

a. Plan well and start early. For example, if you want to produce a Spring Festival celebration, you should match students with their roles before the holiday season begins.

b. Leave a few minutes each day for students to review their parts while keeping regular curriculum routines. Go over the roles from time to time and make corrections when necessary.

c. Encourage teamwork. Make sure that every student has a part to play and every student contributes.

d. Performance can take place on stage in an auditorium, at the school cafeteria, or in a classroom.

I hope you have fun reading the scripts and performing these plays. To view photos of stage props and costumes, read more teaching suggestions, and share your own ideas with other teachers, please visit the *Setting the Stage for Chinese* website at **www.cheng-tsui.com**.

Yuanchao Meng

November 2008

前 言

"演中学"中级本的草稿是我十二年前刚刚开始在美国教中文时写的。

后来一直给学生用,一直不断地修改,又增添了些内容就成了现在这本书。书中的小品和歌谣都是学生们在春节晚会上表演过的节目。

这本"演中学"适合七年级到十二年级的学生使用。书中的六个故事是从大家熟悉的童话、传说和神话故事中选出来的。例如"五个兄弟"、"端午节"和"牛郎织女"等,这些故事被重新改编成了短剧,可以搬上舞台。按照教科书的教学固然很重要,然而我的目标是让学生们学得更生动活泼,更有乐趣。我希望学生们通过自己的表演能对汉语和中国的文化有一个深刻的印象。

语言的学习大部分发生在学生准备表演节目的过程中。读剧本的时候,他们能提高阅读能力,学新词汇;排练的时候,他们主动纠正自己的语音和语调;站在观众面前表演的时候,他们对说中文增添了自信心。在整个学演的过程中,学生们兴致勃勃,跃跃欲试。

书中的内容也可以做短的朗诵材料或在课堂上做对话练习。您的想象和再创作可以为这些故事添加色彩。一些表演中的建议和暗示我用斜体字括弧在字里行间,仅供参考。

我的学生们毕业后回来看我时,他们说他们仍记得在中学时学的台词。多么令人鼓舞的话啊!中国有那么多美丽动人的神话和传说,挑出最有趣的与同学们分享,我在这里抛砖引玉了。

教材的特点

一、教材以学生为中心,注重学生在特定情景中对话的能力。教材可以直接在课堂上使用,节省教师备课时间。

二、正规学校和中文学校的老师们都可以根据各自教学教程的进度和学生们的需要灵活使用这本教材。

三、每个短剧和小品的后边都有中英文对照的教学参考，包括故事背景介绍、教学建议、准备步骤、服装道具、舞台表演和教学评估。

四、故事内容力求语言简短易懂，使学生乐于背诵。

五、故事内容是中英文对照，并包括拼音，有助学生掌握语音和语调。

教材的使用

一、周全计划，早做准备。如果想春节前后开联欢会，大约在新年前两个月要把材料选好发给学生，让学生挑选好角色。

二、平常的教学课程照常，但每天要留五到十分钟的时间让学生熟悉各自的角色。要及时纠正学生的语音和语调。

三、鼓励合作，各尽所能。每个人都要为演出担任一个角色。

四、灵活掌握演出的场地，学校礼堂，餐厅或是普通教室都可以使用。

希望您有兴趣阅读这些小品并把它们搬上舞台。有关舞台道具，服装设计方面更具体的建议，请上网 www.cheng-tsui.com 在"演中学的网址上查寻，并请留下您的宝贵意见。

孟援朝

二零零八年十一月

Acknowledgments

The intermediate level of *Setting the Stage for Chinese* is based on Chinese folk festivals known to the people around the world, as well as Chinese fairy tales, legends and mythology, which have been around for generations. These timeless stories were part of my childhood, and this book honors the original stories, which inspired me and influenced my thinking.

During the long writing process, I am very grateful to Mr. Robert Leary, who read the earliest versions of the short plays contained in this book. He spent an enormous amount time polishing the English portions while sharing his insight from the viewpoint of a Westerner. His critique has been very helpful.

I am also very grateful to Professor Weili Ye at the University of Massachusetts, Boston. She inspired me, encouraged me, and dedicated a generous amount of her time to go over the stories and share her valuable thoughts with me.

I also would like to express my gratitude to Communication Professor Nancy Street of Bridgewater State College in Bridgewater, Massachusetts. We got acquainted back in China, and she was the first person I talked to about writing these stories. I have regarded her as my intellectual mentor for the past twenty years.

I am very thankful to my daughter Di He and my close friends Jane Tu, Noral Wang, Helene Boldino, and Melisse Billy. They have never stopped encouraging me to do what I like. They spent time listening to my stories and providing valuable and much needed feedback.

I extend my thanks to the Newton, MA Public School System, especially to the Oak Hill Middle School community. They have supported the Chinese evening program for the past ten years. Of course, I am extremely grateful to the wonderful students in my Chinese classes. Their enthusiasm in learning the stories and their excellent performances keep me going and constantly remind me why I embraced this project in the first place.

My very special thanks goes to CLASS (the National Chinese Language Association of Secondary-Elementary Schools). The organization provided me the opportunity to attend national level Chinese conferences for the past six years and gave me support in the professional community.

Finally, my thanks go to Jill Cheng, President of Cheng & Tsui Publishing Company, Kristen Warner who provided the wonderful English title for the book, and Tracy Patruno who was the project manager for this volume. Their assistance and suggestions have made a very positive impact on the final manuscript.

MOON STORY

yuè liang de gù shi
月　亮　的　故　事

rén　wù
人　物
Characters

hòu　yì
后　羿
Archer

bǎi　xìng
百　姓
People

cháng　é
嫦　娥
Chang'e, the Moon Lady

tù　zi
兔　子
Rabbit

wáng　mǔ
王　母
Queen Mother

wú　gāng
吴　刚
Wu Gang, a woodcutter

guì　huā　shù
桂　花　树
Osmanthus tree

xué　sheng
学　生
Student

péng　méng
朋　蒙
Peng Meng, an apprentice

jiě　shuō　yuán　yī　　èr
解　说　员　一　&　二
Narrators 1 & 2

Time: The fifteenth day of the eighth lunar month
Places: On the earth　　On the moon

(Narrator 1 speaks in front of the curtain on stage)

jiě shuō yuán yī:
解 说 员 一:
Narrator:

měi nián de yīn lì bā yuè
每 年 的 阴 历 八 月
The Mid-Autumn Festival is held on the fifteenth day of

shí wǔ shì zhōng qiū jié zhōng
十 五 是 中 秋 节。中
the eighth month in the lunar calendar.

qiū jié zhè yì tiān yuè liang
秋 节 这 一 天，月 亮
On the Mid-Autumn day, the moon

yòu dà yòu yuán wǎn shang quán
又 大 又 圆。晚 上，全
is big and bright. In the evening,

jiā rén zuò zài tíng yuàn li
家 人 坐 在 庭 院 里
family members sit in their courtyards

yì biān chī yuè bǐng yì biān
一 边 吃 月 饼 一 边
eating moon cakes while

shǎng yuè lǎo rén men cháng cháng
赏 月。老 人 们 常 常
enjoying the full moon. Old people often

gěi hái zi men jiǎng yuè liang
给 孩 子 们 讲 月 亮
tell their children the story of the moon.

de gù shi chuán shuō gǔ shí
的 故 事。传 说 古 时
Legend says that

hou yǒu yí ge yǒng gǎn de
候，有 一 个 勇 敢 的
in ancient times there was a brave

gōng jiàn shǒu tā de míng zi
弓 箭 手，他 的 名 字
Archer whose name

jiào hòu yì hòu yì yǒu ge
叫 后 羿。后 羿 有 个
was Hou Yi. Hou Yi had a

měi lì de qī zi jiào
美 丽 的 妻 子 叫
beautiful wife named

cháng é
嫦 娥。
Chang'e.

Scene 1
zài rén jiān
在 人 间
On the earth

(A person holding a sign that reads "On the Earth" walks across the stage, and then the curtain goes up.)

cháng é
嫦 娥：
Chang'e:

hòu yì yǒu ge jiào péng méng
后 羿，有 个 叫 朋 蒙
Hou Yi, there is a person named Peng Meng

de yào jiàn nín
的 要 见 您。
who wants to see you.

hòu yì
后 羿：
Hou Yi:
ràng tā jìn lái ba
让 他 进 来 吧。
Let him in.

péng méng
朋 蒙：
Peng Meng:
hòu yì nín shì shén jiàn shǒu péng méng
后 羿，您 是 神 箭 手，朋 蒙
Hou Yi, you are a magic archer and

yào bài nín wéi shī
要 拜 您 为 师。
I want to offer myself as your disciple. *(He kneels down.)*

hòu yì
后 羿：
Hou Yi:
qǐ lái ba gào sù wǒ nǐ
起 来 吧，告 诉 我 你
Stand up and tell me why you want

wèi shén me yào xué shè jiàn
为 什 么 要 学 射 箭？
to learn archery.

péng méng
朋 蒙：
Peng Meng:
dǎ liè xiàng nín wèi bǎi xìng zuò shì
打 猎，像 您 为 百 姓 做 事。
So I can hunt and do something for the villagers like you.

hòu yì
后 羿：
Hou Yi:
Shǎo wǒ shōu nǐ zhè ge xué sheng
好，我 收 你 这 个 学 生。
Good, I will take you as my student.

péng méng
朋 蒙：
Peng Meng:
xiè xie lǎo shī qǐng wèn lǎo shī
谢 谢 老 师。请 问 老 师，
Thank you teacher. May I ask,

shè jiàn de yào lǐng shì shén me
射 箭 的 要 领 是 什 么？
what is the trick of shooting an arrow?

hòu yì　　　zhàn de wěn xīn yào jìng màn màn
后 羿：　　站 得 稳，心 要 静，慢 慢
Hou Yi:　　Stand firmly, be calm,

　　　　　　lā gōng zài fàng jiàn
　　　　　　拉 弓 再 放 箭。
　　　　　　slowly stretch the bow, and let the arrow go.

(A bird falls down onto the stage to indicate the result of Hou Yi's demonstration.)

péng méng　　zhàn de wěn xīn yào jìng màn màn
朋 蒙：　　站 得 稳，心 要 静，慢 慢
Peng Meng:　　Stand firmly, be calm, *(imitates Hou Yi)*

　　　　　　lā gōng zài fàng jiàn
　　　　　　拉 弓 再 放 箭。
　　　　　　slowly stretch the bow, and let the arrow go. *(nothing happens)*

hòu　 yì　　　gōng bú zài yí rì shóu néng shēng qiǎo
后 羿：　　功 不 在 一 日。熟 能 生 巧。
Hou Yi:　　You cannot learn the skill in a day. Practice makes perfect.

péng méng　　xiè xie lǎo shī de zhǐ diǎn
朋 蒙：　　谢 谢 老 师 的 指 点。
Peng Meng:　　Thank you for your advice.

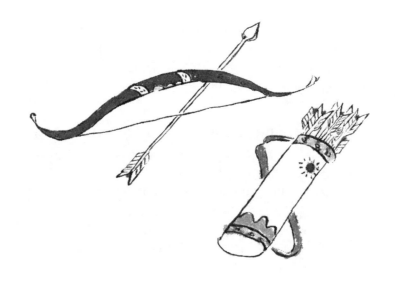

Scene 2

xué sheng
学 生:
Student:

kàn tiān shàng tū rán chū xiàn le
看, 天 上 突 然 出 现 了
Look, ten suns have suddenly

shí ge tài yáng
十 个 太 阳。
appeared in the sky.

(Five people at the back of the stage hold up ten suns.)

bǎi xìng yī
百 姓 一:
Person 1:

hòu yì zhuāng jià dōu bèi shài sǐ le
后 羿, 庄 稼 都 被 晒 死 了。
Hou Yi, crops are dying from the heat.

bǎi xìng èr
百 姓 二:
Person 2:

hòu yì niú yáng dōu kuài rè sǐ le
后 羿, 牛 羊 都 快 热 死 了。
Hou Yi, animal herds are dying from the heat.

hòu yì
后 羿:
Hou Yi:

zhè shì zěn me huí shì
这 是 怎 么 回 事?
What has happened?

bǎi xìng men
百 姓 们:
People:

hòu yì dà rén kuài xiǎng bàn fǎ yā
后 羿 大 人, 快 想 办 法 呀!
Master Hou Yi, think of something quick!

hòu yì
后 羿:
Hou Yi:

wǒ shàng shān qù bǎ tài yáng
我 上 山 去 把 太 阳
I will go up to the top of the mountain and

shè xià lái

射 下 来。

shoot down the suns.

bǎi xìng men 　　　　　dùi bǎ tài yáng shè xià lái

百 姓 们: 　　　　　对! 把 太 阳 射 下 来!

People:　　　　　　Right! Shoot them down!

xué sheng 　　　　　dà rén zhè shì nín de gōng hé jiàn

学 生: 　　　　　大 人, 这 是 您 的 弓 和 箭。

Student:　　　　　Master, here are your bow and arrow.

(Hou Yi runs off the stage and then runs back. He starts to shoot down the suns down. The suns at the back of the stage fall accordingly.)

bǎi xìng men
百 姓 们:
People:

yí ge shè xià lái le
一 个 射 下 来 了,
One sun has been shot down,

liǎng ge shè xià lái le sān ge
两 个 射 下 来 了, 三 个、
two suns have been shot down, three down,

sì ge wǔ ge liù ge qī ge
四 个、五 个、六 个、七 个、
four down, five down, six down, seven down,

bā ge jiǔ ge tài hǎo le
八 个、九 个。太 好 了!
eight down, nine down. Great!

(Hou Yi runs offstage again to indicate that he is going down the mountain, and when he gets back among the villagers, they thank him.)

bǎi xìng men
百 姓 们:
People:

hòu yì dà rén nín xīn kǔ le
后 羿 大 人, 您 辛 苦 了。
Master Hou Yi, thank you for your hard work.

cháng é
嫦 娥:
Chang'e:

hòu yì huí jiā xiū xi xiū xi ba
后 羿, 回 家 休 息 休 息 吧。
Hou Yi, go home and take a good rest.

(Chang'e and Hou Yi are about to leave for home. Suddenly there is a strong wind blowing from the west.)

bǎi xìng yī
百 姓 一:
Person 1:

kàn tiān shàng de wáng mǔ lái le
看, 天 上 的 王 母 来 了。
Look, Queen Mother from heaven has arrived.

wáng mǔ
王 母:
Queen Mother:

shì shéi dǎn gǎn shè xià
是 谁 胆 敢 射 下
(in an accusing tone) Who dared to shoot down

tiān shàng de jiǔ ge tài yáng

天 上 的 九 个 太 阳？

the nine suns in the sky?

(All of the villagers are frightened and bow their heads. Hou Yi fearlessly steps forward and takes the blame.)

hòu yì | shì wǒ zhè hé bǎi xìng méi yǒu
后 羿： | 是 我。这 和 百 姓 没 有
Hou Yi: | I did. It has nothing to do with the villagers.

| guān xì
| 关 系。

wáng mǔ | tiān dì wéi cǐ shí fēn qì nǎo
王 母： | 天 帝 为 此 十 分 气 恼！
Queen Mother: | Because of this, the god of heaven is very angry.

hòu yì | bǎi xìng zài zāo yāng wáng mǔ
后 羿： | 百 姓 在 遭 殃，王 母，
Hou Yi: | The people are suffering calamities, Queen Mother,

| qǐng yuán liàng
| 请 原 谅。
| please forgive us.

(When Queen Mother hears his words, she unexpectedly changes her attitude and speaks kindly.)

wáng mǔ | nǐ wèi bǎi xìng bú pà zé nàn
王 母： | 你 为 百 姓 不 怕 责 难。
Queen Mother: | For your people, you are not afraid of being blamed.

| wǒ jiǎng nǐ yì píng cháng shēng
| 我 奖 你 一 瓶 长 生
| I will reward you with a bottle of the

bù lǎo de yào
不 老 的 药。
elixir of life.

后 羿： hòu yì
Hou Yi:
xiè wáng mǔ
谢 王 母。
Thanks to the Queen Mother.

百 姓： bǎi xìng
People:
xiè wáng mǔ
谢 王 母。
Thanks to the Queen Mother.

(Queen Mother nods and leaves.)

朋 蒙： péng méng
Peng Meng:
nǐ men shuō hē le zhè yào zhēn de
你 们 说 喝 了 这 药 真 的
Do you think after drinking the elixir,

kě yǐ chéng xiān ma
可 以 成 仙 吗？
one does become immortal?

(He looks around and no one answers his question.)

后 羿： hòu yì
Hou Yi:
cháng é nǐ bǎ zhè yào shōu hǎo
嫦 娥，你 把 这 药 收 好。
Chang'e, please take good care of the elixir.

嫦 娥： cháng é
Chang'e:
wǒ huì de
我 会 的。
I will.

(Chang'e leaves the stage with the elixir of life. After she leaves, two villagers step forward.)

百 姓 一： bǎi xìng yī
Person 1:
dōng shān yòu yǒu lǎo hǔ chū mò le
东 山 又 有 老 虎 出 没 了。
There are tigers appearing in the East Mountains.

bǎi xìng èr

百 姓 二：

Person 2:

dōng shān yòu yǒu bào zi chū mò le

东 山 又 有 豹 子 出 没 了。

There are leopards appearing in the East Mountains.

hòu yì

后 羿：

Hou Yi:

péng méng kuài suí wǒ qù chú hǔ bào

朋 蒙，快 随 我 去 除 虎 豹。

Peng Meng, go with me to get rid of the tigers and leopards.

péng méng

朋 蒙：

Peng Meng:

wǒ shēn tǐ yǒu xiē bù shū fu

我 身 体 有 些 不 舒 服，

I am not feeling very well now,

xià cì zài gēn dà rén yì qǐ qù

下 次 再 跟 大 人 一 起 去。

I will go with you next time.

hòu yì

后 羿：

Hou Yi:

yě bà bǎi xìng men gēn wǒ lái

也 罢。百 姓 们 跟 我 来。

(angry) Fine. People, come with me.

bǎi xìng men

百 姓 们：

People:

shì dà rén

是，大 人。

Yes, Master.

(Everyone leaves the stage except Peng Meng. He looks around and then heads to Hou Yi's chamber, opens the door, and looks for the bottle of elixir. Chang'e walks in the room and sees Peng.)

péng méng

朋 蒙：

Peng Meng:

cháng shēng bù lǎo de yào

长 生 不 老 的 药

Where is the elixir?

zài nǎ li ne

在 哪 里 呢？

cháng é

嫦 娥：

Chang'e:

nǐ zài zhè li zuò shén me

你 在 这 里 做 什 么？

What are you doing here?

péng méng

朋 蒙：

Peng Meng:

wǒ lái gào sù nǐ hòu yì qù

我 来 告 诉 你 后 羿 去，

I came to tell you that Hou Yi *(stuttering)*

qù qù dōng shān dǎ liè le

去，去 东 山 打 猎 了。

has gone hunting in the East Mountains.

cháng é

嫦 娥：

Chang'e:

nǐ wèi shén me bú qù

你 为 什 么 不 去？

Why didn't you go?

péng méng

朋 蒙：

Peng Meng:

wǒ xiǎng kàn yí kàn hòu yì

我 想 看 一 看 后 羿

(He pretends to be curious.) I wanted to take a look at Hou Yi's

de nǎ píng cháng shēng yào

的 那 瓶 长 生 药。

bottle of elixir.

cháng é

嫦 娥：

Chang'e:

bù xíng

不 行。

No. *(She discerns Peng Meng's real purpose.)*

péng méng

朋 蒙：

Peng Meng:

wǒ jiù kàn yì yǎn

我 就 看 一 眼。

I just need to take one look. *(He still wants to conceal his purpose.)*

cháng é

嫦 娥：

Chang'e:

yì yǎn yě bù xíng nǐ gāi zǒu le

一 眼 也 不 行！你 该 走 了。

Not even a look, you must leave.

péng méng
朋 蒙：
Peng Meng:

nǐ jiāo chū cháng shēng bù lǎo
你 交 出 长 生 不 老
Hand me the bottle of elixir

de yào wǒ jiù zǒu
的 药，我 就 走。
and I will go.

cháng é
嫦 娥：
Chang'e:

wàng xiǎng
妄 想。
You wish!

péng méng
朋 蒙：
Peng Meng:

jiāo chū lái
交 出 来。
Hand it over. *(He tries to grab the bottle from Chang'e.)*

cháng é
嫦 娥：
Chang'e:

wàng xiǎng nǐ wàng xiǎng
妄 想。你 妄 想……
No way.

(Chang'e struggles to hold onto the bottle. Almost losing her grasp, Chang'e drinks the elixir of life before Peng seizes it. A villager witnesses what has happened.)

xué shēng
学 生：
Student:

péng méng nǐ zài zuò shén me
朋 蒙，你 在 做 什 么？
Peng Meng, what are you doing?

(Peng Meng runs away, and student runs to tell Hou Yi and the villagers.)

cháng é cháng é hòu yì dà rén
嫦 娥，嫦 娥，后 羿 大 人！
Chang'e, Chang'e, Master Hou Yi!

jiě shuō yuán èr
解 说 员 二：
Narrator 2:

cháng é hē le cháng shēng bù
嫦 娥 喝 了 长 生 不
After Chang'e drank the elixir,

lǎo de yào tā de shēn tǐ
老 的 药，她 的 身 体
her body slowly

màn màn de biàn qīng le piāo
慢 慢 地 变 轻 了，飘
became lighter and

a piāo a piāo dào yuè liang
啊，飘 啊，飘 到 月 亮
she floated up, up to the moon.

shàng shì de cháng é kě yǐ
上。是 的，嫦 娥 可 以
True, she is going to

cháng shēng bù lǎo le kě shì
长 生 不 老 了，可 是
live forever. However,

tā zhōu wéi méi yǒu yí ge
她 周 围 没 有 一 个
she is alone

rén zhī yǒu yì zhī tù zi
人，只 有 一 只 兔 子
with only a rabbit to

péi zhe tā
陪 着 她。
keep her company.

Scene 3

在 月 亮 上

zài yuè liang shàng

在 月 亮 上

On the moon

兔 子:
Rabbit:

tù zi

wǒ jiào yù tù wǒ shì cháng é de
我 叫 玉 兔。我 是 嫦 娥 的

I am called Jade Rabbit. I am Chang'e's

hǎo péng you shì cháng é bǎ wǒ dài
好 朋 友。是 嫦 娥 把 我 带

good friend. It is Chang'e who brought me

dào yuè liang shàng lái de wǒ hěn xǐ
到 月 亮 上 来 的。我 很 喜

to the moon. I like it

huān zhè li cháng é kuài lái yā
欢 这 里。嫦 娥, 快 来 呀。

here very much. Chang'e, come here.

嫦 娥:
Chang'e:

cháng é

wǒ lái le wǒ shì cháng é
我 来 了。我 是 嫦 娥。

I am coming. I am Chang'e.

wǒ hěn nián qīng yě hěn měi lì wǒ
我 很 年 轻,也 很 美 丽。我

I am young and very beautiful.

hē le chángshēng bù lǎo de yào wǒ
喝 了 长 生 不 老 的 药,我

I drank the elixir and I will always

yǒng yuǎn nián qīng yǒng yuǎn měi lì āi
永 远 年 轻,永 远 美 丽。唉!

be young and beautiful. Sigh.

兔 子：
Rabbit:
tù zi
cháng é jiě jie nǐ wèi shén me
嫦 娥 姐 姐，你 为 什 么
Big sister Chang'e, why do you

tàn qì
叹 气？
sigh?

嫦 娥：
Chang'e:
cháng é
tiān shang hǎo shì hǎo kě shì
天 上 好 是 好，可 是，
It is nice here, but

wǒ zhǐ yǒu nǐ yí ge péng you
我 只 有 你 一 个 朋 友。
I only have you as a friend.

wǒ zài yě huí bú dào rén jiān le
我 再 也 回 不 到 人 间 了。
I can never go back to the earth.

兔 子：
Rabbit:
tù zi
yǒu shí hou wǒ yě jì mò
有 时 候，我 也 寂 寞，
Sometimes, I am lonely too.

zhǐ yǒu nǐ shì wǒ de péng you
只 有 你 是 我 的 朋 友。
You are my only friend.

wǒ men tiào wǔ hǎo bù hǎo
我 们 跳 舞，好 不 好？
Let's dance, shall we?

嫦 娥：
Chang'e:
cháng é
hǎo wǒ zuì xǐ huan tiào wǔ le
好，我 最 喜 欢 跳 舞 了。
Okay, I like to dance very much.

hòu yì néng kàn jiàn wǒ zài
后 弈 能 看 见 我 在
Can Hou Yi see me

tiào wǔ ma
跳 舞 吗?
dancing?

tù zi
兔 子:　　我 想 他 一 定 能。
Rabbit:
wǒ xiǎng tā yí dìng néng
I am sure he can.

(Sound effects)
pēng pēng pēng
砰、砰、砰。
peng peng peng (*indicating a sudden loud noise caused by the fall of a heavy object*)

cháng é
嫦 娥:　　听,那 是 什 么 声 音?
Chang'e:
tīng nà shì shén me shēng yīn
Listen, what is that sound?

(Sound effects)
pēng pēng pēng
砰、砰、砰。
peng peng peng (*indicating a sudden loud noise caused by the fall of a heavy object*)

tù zi
兔 子:　　我 听 到 砍 树 的 声 音。
Rabbit:
wǒ tīng dào kǎn shù de shēng yīn
I hear the sound of trees being chopped down.

cháng é
嫦 娥:　　我 们 去 看 一 看 吧。
Chang'e:
wǒ men qù kàn yí kàn ba
Let's go and take a look.

Scene 4

jiě shuō yuán èr
解 说 员 二:
Narrator 2:

yuè liang shàng hái yǒu yí ge
月 亮 上 还 有 一 个
On the moon, there was a

fá mù rén tā jiào wú gāng
伐 木 人, 他 叫 吴 刚。
wood cutter and his name was Wu Gang.

wú gāng yuán shì tiān shàng guǎn
吴 刚 原 是 天 上 管
Wu Gang used to take care of the pearls

zhēn zhū de yīn wèi tā hē
珍 珠 的。 因 为 他 喝
for the fairies. Because he drank too much

zuì le jiǔ bǎ tiān nǚ men
醉 了 酒, 把 天 女 们
wine, he lost almost all of the fairies'

de zhēn zhū dōu diū guāng le
的 珍 珠 都 丢 光 了。
pearls.

tiān nǚ men hěn shēng qì jiù
天 女 们 很 生 气, 就
The fairies were very angry and they

bǎ shèng xià de zhēn zhū mái
把 剩 下 的 珍 珠 埋
buried their last magic pearls

zài yuè liang shàng de   guì huā
在 月 亮 上 的 桂 花
in the ground on the moon under an osmanthus

shù xià tiān nǚ men gěi le
树 下。天 女 们 给 了
tree. The fairies gave

wú gāng yì bǎ fǔ tóu dā
吴 刚 一 把 斧 头，答
Wu Gang an axe

ying wú gāng rú guǒ guì huā
应 吴 刚 如 果 桂 花
and promised that they would not punish him anymore

shù bèi kǎn dǎo le jiù bú
树 被 砍 倒 了，就 不
if he would cut down the osmanthus tree.

zài fá tā le
再 罚 他 了。

wú gāng tóng yì le mǎ shàng
吴 刚 同 意 了，马 上
Wu Gang agreed and

kāi shǐ kǎn shù
开 始 砍 树。
started to cut the tree at once.

wú gāng

吴 刚： 一下、两 下、三 下、四 下，

yí xià liǎng xià sān xià sì xià

Wu Gang: One, two, three, four,

zǒng suàn kǎn xià lái le

总 算 砍 下 来 了。

finally the branch is cut down. *(The branch that was cut down a moment ago grows back right away.)*

zhēn qí guài

真 奇 怪！

It is really strange!

(Chang'e and Rabbit enter.)

tù zi

兔 子： 你 是 谁？

nǐ shì shéi

Rabbit: Who are you?

cháng é

嫦 娥： 您 贵 姓？

nín guì xìng

Chang'e: May I please ask your surname?

wú gāng

吴 刚： 我 姓 吴。

wǒ xìng wú

Wu Gang: My family name is Wu.

cháng é

嫦 娥： 你 叫 什 么 名 字？

nǐ jiào shén me míng zi

Chang'e: What is your name?

wú gāng

吴 刚： 我 叫 吴 刚。

wǒ jiào wú gāng

Wu Gang: My name is Wu Gang.

兔 子：　tù zi
你 在 这 里 做 什 么？　nǐ zài zhè li zuò shén me

Rabbit: What are you doing here?

吴 刚：　wú gāng
我 在 砍 树。　wǒ zài kǎn shù

Wu Gang: I am cutting down this tree.

兔 子：　tù zi
你 为 什 么 要 砍 树？　nǐ wèi shén me yào kǎn shù

Rabbit: Why do you want to cut down the tree?

吴 刚：　wú gāng
我 很 忙，不 想 和 你 说 话。　wǒ hěn máng bù xiǎng hé nǐ shuō huà

Wu Gang: I am very busy and do not want to talk with you now.

兔 子：　tù zi
嫦 娥 姐 姐，他 没 有 礼 貌。　cháng é jiě jie tā méi yǒu lǐ mào

Rabbit: Big sister Chang'e, he has no manners.

嫦 娥：　cháng é
请 问，你 是 什 么 时 候 来　qǐng wèn nǐ shì shén me shí hou lái

Chang'e: May I ask when you came

这 里 的？　zhè li de

here?

吴 刚：　wú gāng
我 是 今 天 来 这 里 的。　wǒ shì jīn tiān lái zhè li de

Wu Gang: I came here today.

嫦 娥：　cháng é
你 为 什 么 来 这 里？　nǐ wéi shén me lái zhè li

Chang'e: Why did you come here?

wú gāng
吴 刚:
Wu Gang:

wǒ yuán shì tiān shàng guǎn zhēn zhū de
我 原 是 天 上 管 珍 珠 的。
Originally I was in charge of the pearls for the fairies.

wǒ hē jiǔ diū le zhēn zhū
我 喝 酒 丢 了 珍 珠,
I drank too much wine and lost the pearls,

bèi fá dào yuè liang shàng kǎn shù
被 罚 到 月 亮 上 砍 树。
so I am being punished and I must cut down a tree.

shù kǎn dǎo le wǒ jiù huí dào
树 砍 倒 了, 我 就 回 到
Once the tree has been cut down, I will be going back

tiān nǚ men nǎ li qù
天 女 们 那 里 去。
to where the fairies live.

guì shù
桂 树:
Osmanthus tree:

hā hā hā
哈! 哈! 哈!
(laughing out loud) Ha! Ha! Ha!

tù zi
兔 子:
Rabbit:

zhè shì zěn me huí shì
这 是 怎 么 回 事?
What is going on?

nǐ shì yì kē shén me shù
你 是 一 棵 什 么 树?
What kind of tree are you?

guì shù
桂 树:
Osmanthus tree:

wǒ shì guì huā shù
我 是 桂 花 树。
I am an osmanthus tree.

wǒ de huā yòu xiāng yòu tián
我 的 花 又 香 又 甜,
My flowers are both scented and sweet,

néng zuò guì huā jiǔ
能 做 桂 花 酒。
and I can make osmanthus wine.

cháng é　　　nǐ bú shì yì kē pǔ tōng de shù
嫦 娥:　　　你 不 是 一 棵 普 通 的 树,
Chang'e:　　You are not an ordinary tree, are you?

duì bú duì
对 不 对?

guì shù　　　duì wǒ shì yì kē shén shù
桂 树:　　　对。我 是 一 棵 神 树。
Osmanthus tree:　Right. I am a magic tree.

tù zi　　　wú gāng yào bǎ nǐ kǎn dǎo
兔 子:　　　吴 刚 要 把 你 砍 倒,
Rabbit:　　Wu Gang wants to cut you down,

nǐ zhī dào ma
你 知 道 吗?
do you know that?

guì shù　　　tā zuò mèng qù ba méi nà me
桂 树:　　　他 做 梦 去 吧。没 那 么
Osmanthus tree:　Let him dream about it. It is not that

róng yì
容 易!
easy!

兔　子：　为　什　么？
tù　zi　wèi　shén　me

Rabbit: Why?

桂　树：　我　的　树　干　被　砍　掉　了
guì　shù　wǒ　de　shù　gàn　bèi　kǎn　diào　le

Osmanthus tree: Once one of my branches has been cut down,

会　马　上　长　出　新　的　来。
huì　mǎ　shàng　zhǎng　chū　xīn　de　lái

I will immediately grow a new one.

兔　子：　真　的　吗？
tù　zi　zhēn　de　ma

Rabbit: Is it true?

桂　树：　真　的。吴　刚　来　了。
guì　shù　zhēn　de　wú　gāng　lái　le

Osmanthus tree: It's true. Wu Gang is coming.

吴　刚：　你　们　看　我　砍　树　吗？
wú　gāng　nǐ　men　kàn　wǒ　kǎn　shù　ma

Wu Gang: Do you want to see me cut down this osmanthus tree?

好，兔　子　站　在　左　边，嫦　娥
hǎo　tù　zi　zhàn　zài　zuǒ　biān　cháng　é

Okay, Rabbit, you stand on the left and Chang'e

在　右　边，看　好　了。一　下、
zài　yòu　biān　kàn　hǎo　le　yí　xià

you stand on the right. Watch carefully.

两　下、三　下、四　下、五　下，
liǎng　xià　sān　xià　sì　xià　wǔ　xià

One, two, three, four, five,

tiān a zhè shì zěn me huí shì
天 啊! 这 是 怎 么 回 事?
my goodness! What is wrong here?

cháng é   hǎo le hǎo le wú gāng
嫦 娥: 好 了! 好 了! 吴 刚,
Chang'e: Okay! Okay! Wu Gang,

nǐ hé wǒ yì qǐ xià qí ba
你 和 我 一 起 下 棋 吧!
let's play chess together.

wú gāng   bù xíng wǒ yào kǎn shù
吴 刚: 不 行, 我 要 砍 树。
Wu Gang: No, I must cut down this tree.

yí xià liǎng xià sān xià
一 下、两 下、三 下……
One, two, three...

guì shù   nǐ kǎn bù dǎo wǒ
桂 树: 你 砍 不 倒 我。
Osmanthus tree: You just cannot cut me down.

wú gāng   wǒ yào kǎn dǎo nǐ wǒ
吴 刚: 我 要 砍 倒 你。我
Wu Gang: I will cut you down.

fēi yào kǎn dǎo nǐ bù kě
非 要 砍 倒 你 不 可。
I must cut you down.

(Performers on stage pause and listen to the next narrator.)

jiě shuō yuán yī
解 说 员 一：
Narrator 1:

cháng é tù zi hé wú gāng
嫦 娥、兔 子 和 吴 刚
On the moon, Chang'e, Rabbit, and Wu Gang

zài yuè liang shàng bù zhī dào
在 月 亮 上 不 知 道
do not know how many years

zhè yàng de guò le duō shao
这 样 地 过 了 多 少
have passed like this.

nián zhí dào jīn tiān rén men
年。直 到 今 天，人 们
From then until now, when people

zài zhōng qiū jié chī yuè bǐng
在 中 秋 节 吃 月 饼
eat moon cakes at the Mid-Autumn Festival,

de shí hou hái huì xiǎng qǐ
的 时 候，还 会 想 起
they still remember them

tā men xiǎng qǐ zhè ge gǔ
他 们，想 起 这 个 古
and remember

lǎo de shén huà gù shi
老 的 神 话 故 事。
this ancient myth.

jiě shuō yuán èr
解 说 员 二：
Narrator 2:

yuè bǐng xiàng zhēng zhe yuán yuán
月 饼 象 征 着 圆 圆
The moon cake symbolizes the full

de yuè liang yuè bǐng jì tuō
的 月 亮。月 饼 寄 托
moon. The moon cake sends the thoughts of

zhe qīn rén de sī niàn
着 亲 人 的 思 念。
loved ones who are separated.

(The following poem is recited to the accompaniment of traditional Chinese music or dance.)

bǎi xìng men
百 姓 们：
People:

bā yuè shí wǔ zhōng qiū dào
八 月 十 五 中 秋 到，
The Moon Festival is celebrated on the fifteenth day of the eighth month.

yuè ér yuán yuán dāng kōng zhào
月 儿 圆 圆 当 空 照。
On this night there is a full moon.

jiā jiā hù hù chī yuè bǐng
家 家 户 户 吃 月 饼，
Every family has moon cakes to eat

tuán tuán yuán yuán kě zhēn hǎo
团 团 圆 圆 可 真 好!
and they enjoy a festive family reunion.

(A traditional ribbon dance with soft music will create a holiday atmosphere. You may also want to offer real moon cakes to the audience.)

THE END

背景介绍

　　每年的阴历八月十五是中秋节，也叫月亮节。家人们在一起共进晚餐，吃月饼赏月，庆祝团圆的风俗从古时延续到今天。"月亮的故事"的小品是根据"后弈射日"，"嫦娥奔月"和"吴刚伐桂"三个神话故事改编的。这些神话故事在民间有不同的说法，这个小品选用了青年人好理解的说法和情节，以严肃认真和诙谐幽默的人物对话再叙了有关月亮的传说。小品的对话中使用了很多特殊问句的句型，例如：怎么，在哪里，什么时候，为什么等等，为学生如何取得讯息提供了感性认识。

教学建议

　　为了让学生对小品中的故事有深刻的印象，需要先做有关这三个神话故事的搜索，使学生对这些神话故事感兴趣，或是对神话故事中的某些人物感兴趣。教师应给学生足够的时间做课堂交流讨论。小品中人物角色先由学生自己挑选，教师做最后的调整，也要确保每个学生对自己要表演的角色即喜欢又有信心。这个小品比较适合学过一到两年汉语的学生使用。小品的内容大约需要三个课堂教学的时间来完成。学生需要两周课下的时间做很好的练习和背诵，才能达到上台表演的程度。

具体步骤

　　一、让学生搜集有关月亮的神话故事并与大家分享。
　　二、让学生预习月亮的故事的脚本并找出各自的疑难问题。
　　三、回答学生的问题并介绍小品内的新词汇和学生不熟悉的语法现象。
　　四、让学生挑选各自的角色并在课内外大声朗读。
　　五、教师根据学生的愿望和实际考虑调整角色的安排。
　　六、要切合实际地安排好时间，督促学生背诵各自的台词。
　　七、决定每个学生在舞台上站立的位置并决定演出时所需的道具。

服装道具

　　嫦娥最好有古装的衣服。如果找不到，穿旗袍用宽的彩绸带搭在肩上也有很好的效果。后羿和吴刚穿练太极拳的功夫服就很好。兔子需加个头饰。

舞台表演

　　在月亮上的场景，可画一个圆的月亮和做一棵桂花树来表示。桂花树应有四英尺高，表演桂花树的学生可以站在树的后面，手拿两根树枝。学生逐个走到舞台定点的位置后，轮到谁讲话或是对话，谁就走到麦克风前，讲完话后回到自己的原位置上。节目结束时，在轻音乐的伴奏中，学生分发些月饼给在座的观众，倍受欢迎。

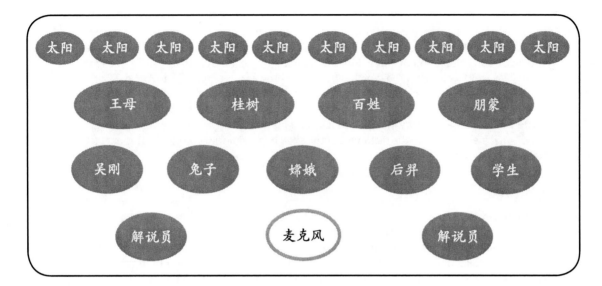

评估小结

一、让学生说说中秋节是一个什么样的节日。
二、请学生说出月亮的故事中最喜欢的人物，并说为什么。
三、问学生知道了哪些有关月亮的传说。
四、请学生用中文复述月亮的故事的一部分。

Background Information

The Mid-Autumn Festival is held on the fifteenth day of the eighth month of the lunar calendar year. People also call the day "Moon Festival" because the moon is full. Families get together and eat moon cakes while enjoying the moon and celebrating their reunion. The tradition of the Moon Festival can be traced to ancient times and it is alive and well today. The sketch is based on three ancient myths: "The Archer Shot the Suns," "The Moon Lady Flew to the Moon," and "The Woodcutter." Although there are different versions of each myth, the play is a version that is easy for young readers to comprehend as it uses dialogues spoken by different characters to recall the old story in both a serious and humorous way. Questions using "how," "where," "when," and "why" are repeated in the dialogues of the sketch, providing scenarios for students to learn how to obtain information in Chinese.

Teaching Suggestions

To improve comprehension of the play, the teacher should encourage students to research the origins of the three stories. It is important that students show interest in the myths and particularly in certain characters. The teacher should allow sufficient time for students to discuss the myths in class. Let students choose the roles they would like to perform, with teachers making any final adjustments. At the same time, the teacher should make sure that all students feel comfortable and confident with their roles.

This sketch is designed for students who have studied Chinese for one or two years. Students need approximately three lessons to become familiar with the sketch. Also, allow students two weeks to memorize their lines and to be ready to perform.

Preparatory Steps

1. Have students do research on the Moon Story myths and share with the class.
2. Let students preview the script and ask questions about parts they don't understand.
3. Introduce new vocabulary in the play and explain any unfamiliar sentence structures.
4. Have students choose their roles and read the script aloud both in and out of the classroom.
5. Adjust the roles of the students according to their wishes and practical considerations.
6. Develop a realistic time schedule for students to memorize their lines.
7. Decide where each student should stand on stage and what props will enhance the performance.

Costumes and Props

Chang'e should wear a costume in the style of an ancient Chinese gown. If such a gown is not available, she could wear a Chinese traditional dress with a pink silk ribbon cascading from shoulders to feet. Hou Yi and Wu Gang can be dressed in traditional Tai Chi costumes, while the Jade Rabbit needs to have a rabbit's headband.

Stage Performance

A full moon and an osmanthus tree set the scene on the moon. The osmanthus tree should be approximately four feet tall. Students who perform the role of the osmanthus tree should stand behind the tree and hold out two branches. Students stand on assigned spots and take turns going in front of the microphone to talk or do dialogues. When they finish their lines, they should return to their assigned spots. The Moon Story sketch can end with a piece of traditional Chinese music as students serve Chinese moon cakes to the audience. Below is a chart showing a suggested arrangement for stage performers.

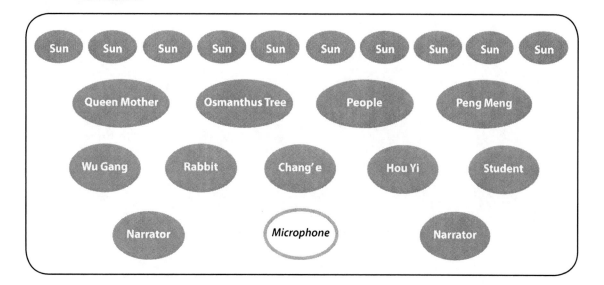

Assessment

1. Have students describe what the Mid-Autumn Festival is about.
2. Ask students which character they like best in the Moon Story and why.
3. Have students tell the myths they know about the moon.
4. Have students retell a part of the Moon Story in Chinese.

FIVE BROTHERS

wǔ　ge　xiōng　dì
五　个　兄　弟

rén　wù
人　物
Characters

fù　qīn
父　亲
Father

lǎo　dà
老　大
Eldest son

lǎo　èr
老　二
Second son

lǎo　sān
老　三
Third son

lǎo　sì
老　四
Fourth son

lǎo　wǔ
老　五
Fifth son

jiě　shuō　yuán
解　说　员
Narrator

Time:	Once upon a time
Place:	At the foot of Mount Tai

Scene 1

jiě shuō yuán
解 说 员：
Narrator:

hěn jiǔ hěn jiǔ yǐ qián tài shān de
很 久 很 久 以 前 泰 山 的
Once upon a time at the foot of Mount Tai in China,

jiǎo xià zhù zhe yí hù rén jiā yí
脚 下 住 着 一 户 人 家，一
there lived a family,

ge lǎo fù qīn hé tā de wǔ ge
个 老 父 亲 和 他 的 五 个
an old man and his five

ér zi lǎo fù qīn gāo xìng de shì
儿 子。老 父 亲 高 兴 的 是
sons. The old man is happy that

zhè wǔ ge ér zi dōu yǒu tè shū
这 五 个 儿 子 都 有 特 殊
the five sons all have their unique

de běn lǐng dān xīn de shì tā men
的 本 领，担 心 的 是 他 们
skills but worries that when they are

zài yì qǐ zǒng shì yào chǎo jià
在 一 起 总 是 要 吵 架。
together they always quarrel.

kàn tā men lái le
看，他 们 来 了。
Look, they are here.

(The five brothers enter, all bragging to each other at the same time.)

xiōng dì
兄 弟:
Brothers:

wǒ yíng le nǐ shū le bú duì
我 赢 了，你 输 了。不 对，
I won, you lost. No.

bú duì wǒ yíng le nǐ shū le
不 对，我 赢 了，你 输 了。
No. I won, you lost.

fù qīn
父 亲:
Father:

zhè shì wǒ de wǔ ge ér zi
这 是 我 的 五 个 儿 子。
These are my five sons.

lǎo dà jiào cháng tuǐ
老 大 叫 "长 腿。"
The eldest son is called "Long Legs."

lǎo dà
老 大:
Eldest Son:

wǒ de tuǐ néng shēn de hěn cháng
我 的 腿 能 伸 得 很 长。
My legs can stretch a very long distance.

fù qīn
父 亲:
Father:

lǎo èr jiào hǎi liàng
老 二 叫 海 量。
My second son is named "Huge Drinker."

lǎo èr
老 二:
Second Son:

wǒ néng hē hěn duō hěn duō de shuǐ
我 能 喝 很 多 很 多 的 水。
I can drink a large amount of water.

fù qīn
父 亲:
Father:

lǎo sān shì qiān lǐ yǎn
老 三 是 千 里 眼。
My third son has eyes that can see a thousand miles away.

lǎo sān
老 三：
Third Son:
wǒ néng kàn de hěn yuǎn hěn yuǎn
我 能 看 得 很 远 很 远。
I can see far away. *(He places his hand above his eyes.)*

fù qīn
父 亲：
Father:
lǎo sì yǒu cháng gē bo
老 四 有 长 胳 膊。
My fourth son has long arms.

lǎo sì
老 四：
Fourth Son:
wǒ de gē bo néng shēn de hěn cháng
我 的 胳 膊 能 伸 得 很 长。
My arms can stretch a very long distance. *(He stretches his arms.)*

fù qīn
父 亲：
Father:
wǒ de lǎo wǔ jiào shí tóu zi ér
我 的 老 五 叫 石 头 子 儿。
My fifth son is called "Pebble."

lǎo wǔ
老 五：
Fifth Son:
wǒ de shí tóu néng dǎ de hěn zhǔn
我 的 石 头 能 打 得 很 准。
My pebble can hit a target accurately. *(He throws a pebble.)*

xiōng dì
兄 弟：
Brothers:
wǒ de běn lǐng dà
我 的 本 领 大。
(The five brothers speak at the same time and all put two thumbs up.)
I am super.

fù qīn
父 亲：
Father:
wǔ ge ér zi dōu zhǎng dà le
五 个 儿 子 都 长 大 了，
My five sons are all grown up and

wǒ yě lǎo le suī rán tā men gè
我 也 老 了。虽 然 他 们 各
I am getting old. Although they all have different

yǒu gè de běn lǐng kě shì wǒ hái
有 个 的 本 领，可 是 我 还
skills, I still cannot

shì bú fàng xīn lǎo dà nǐ guò lái
是 不 放 心。老 大，你 过 来。
put my mind at rest. Eldest son, come here please.

Eldest Son:
lǎo dà shì fù qīn yǒu shén me shì ma
老 大： 是，父 亲。有 什 么 事 吗？
Yes, Father. What can I do for you?

Father:
fù qīn nǐ bǎ zhè gēn mù bàng zhé duàn
父 亲： 你 把 这 根 木 棒 折 断。
Please break this stick for me.

Eldest Son:
lǎo dà shì fù qīn zhè hěn róng yì
老 大： 是，父 亲。这 很 容 易。
Yes, Father. *(breaks the stick)* It is very easy.

Father:
fù qīn lǎo èr nǐ guò lái yí xià
父 亲： 老 二，你 过 来 一 下。
Second son, come here for a minute please.

Second Son:
lǎo èr shì fù qīn yǒu shén me shì ma
老 二： 是，父 亲。有 什 么 事 吗？
Yes, Father. What can I do for you?

Father:
fù qīn nǐ bǎ zhè gēn mù bàng zhé duàn
父 亲： 你 把 这 根 木 棒 折 断。
Please break the stick for me.

Second Son:
lǎo èr shì fù qīn zhè tài róng yì le
老 二： 是，父 亲。这 太 容 易 了。
Yes, Father. *(breaks the stick)* This is too easy.

Father:
fù qīn lǎo sān nǐ yě guò lái
父 亲： 老 三，你 也 过 来。
The third son, you also come over here.

老 三：
lǎo sān

是，父 亲。有 什 么 事 吗？
shì fù qīn yǒu shén me shì ma

Third Son: Yes, Father. What can I do for you?

父 亲：
fù qīn

你 把 这 根 木 棒 折 断。
nǐ bǎ zhè gēn mù bàng zhé duàn

Father: Please break the stick for me.

老 三：
lǎo sān

是，父 亲。这 还 不 容 易 吗？
shì fù qīn zhè hái bù róng yì ma

Second Son: Yes, Father. *(breaks the stick)* Isn't it easy?

父 亲：
fù qīn

老 四，你 也 过 来 一 下。
lǎo sì nǐ yě guò lái yí xià

Father: Fourth son, come here please.

老 四：
lǎo sì

是，父 亲。有 什 么 事 吗？
shì fù qīn yǒu shén me shì ma

Fourth Son: Yes, Father. What can I do for you?

父 亲：
fù qīn

你 把 这 根 木 棒 折 断。
nǐ bǎ zhè gēn mù bàng zhé duàn

Father: Please break the stick for me.

老 四：
lǎo sì

是，父 亲。这 非 常 容 易。
shì fù qīn zhè fēi cháng róng yì

Fourth Son: Yes, Father. *(breaks the stick)* It breaks easily.

父 亲：
fù qīn

老 五，你 来 一 下。
lǎo wǔ nǐ lái yí xià

Father: Fifth son, come here please.

老 五：
lǎo wǔ

是，爸 爸。您 有 什 么 事 吗？
shì bà ba nín yǒu shén me shì ma

Fifth Son: Yes, Daddy. What can I do for you?

fù qīn
父 亲:
Father:
nǐ bǎ zhè gēn mù bàng zhé duàn
你 把 这 根 木 棒 折 断。
Please break the stick for me.

lǎo wǔ
老 五:
Fifth Son:
shì bà ba zhè bù nán
是, 爸 爸。这 不 难。
Yes, Daddy. *(breaks the stick)* It is not difficult to break.

fù qīn
父 亲:
Father:
nǐ men dōu shuō zhè bù nán kě shì
你 们 都 说 这 不 难。可 是,
All of you said the stick was easy to break. However,

nǐ men shéi néng bǎ zhè wǔ gēn
你 们 谁 能 把 这 五 根
can any one of you break the five

mù bàng yì qǐ zhé duàn ne
木 棒 一 起 折 断 呢?
sticks when they are bound together?

lǎo dà
老 大:
Eldest Son:
wǒ lái shì shì kàn bù xíng
我 来 试 试 看。不 行。
Let me try it. It is impossible.

lǎo èr
老 二:
Second Son:
wǒ lái shì yí xià yě bù xíng
我 来 试 一 下。也 不 行。
Let me try it. I can't do it.

lǎo sān
老 三:
Third Son:
wǒ yě shì yí xià bù xíng bù xíng
我 也 试 一 下。不 行, 不 行。
Let me try it. No, I can't do it either.

lǎo sì
老 四:
Fourth Son:
ràng wǒ shì shì kàn shì bù xíng
让 我 试 试 看。是 不 行。
Let me try it. It is impossible.

lǎo wǔ

老 五：
Fifth Son:

wǒ yě yào shì shì bù xíng

我 也 要 试 试。 不 行。

I want to try it. I can't.

fù qīn

父 亲：
Father:

nǐ men wǔ ge xiōng dì jiù xiàng zhè

你 们 五 个 兄 弟 就 像 这

You five brothers are like the

wǔ gēn mù bàng bǎng zài yì qǐ cái

五 根 木 棒，绑 在 一 起 才

five sticks. When you are bound together,

bù huì bèi zhé duàn

不 会 被 折 断。

you are unbreakable.

(The five brothers silently look at each other and then speak to their father.)

xiōng dì

兄 弟：
Brothers:

fù qīn wǒ men dǒng le

父 亲，我 们 懂 了。

Father, we understand now.

fù qīn

父 亲：
Father:

hái zi men wǒ bìng le zhī yǒu

孩 子 们，我 病 了，只 有

My children, I am sick and only the Ling Zhi herb

tài shān shàng de líng zhī cǎo néng zhì

泰 山 上 的 灵 芝 草 能 治

located on the top of Mount Tai can cure

wǒ de bìng nǐ men shéi qù zhǎo

我 的 病。 你 们 谁 去 找？

my illness. Who will go to find it?

(The five brothers all point to themselves.)

lǎo   dà   dāng rán shì wǒ qù

老 大：   当 然 是 我 去。

Eldest Son: Of course, I am going.

lǎo   èr   wǒ yě qù

老 二：   我 也 去。

Second Son: I am going, too.

lǎo   sān   wǒ qù

老 三：   我 去。

Third Son: I will go.

lǎo   sì   wǒ yě qù

老 四：   我 也 去。

Fourth Son: I am going, too.

lǎo   wǔ   wǒ hé nǐ men yì qǐ qù

老 五：   我 和 你 们 一 起 去。

Fifth Son: I will go with you.

lǎo   dà   wǒ men yì qǐ qù ba

老 大：   我 们 一 起 去 吧？

Eldest son: Shall we go together?

xiōng dì   duì yì qǐ qù

兄 弟：   对。一 起 去。

Brothers: Okay. Let's go together.

Scene 2

(Brothers clap their hands while they recite the following.)

xiōng dì   wǔ   ge   xiōng   dì   zǒu   yā   zǒu

兄 弟: 五 个 兄 弟 走 呀 走,

Brothers: The five brothers walk and walk.

shān   lù   nán   xíng   xiǎn   yòu   dǒu

山 路 难 行 险 又 陡。

The rugged mountain road is dangerous and steep.

wèi   le   fù   qīn   zhǎo   líng   zhī

为 了 父 亲 找 灵 芝,

In order to find the Ling Zhi herb for our father,

fān   shān   yuè   lǐng   bù   huí   tóu

翻 山 越 岭 不 回 头。

we climb mountains without any hesitation.

wǔ   ge   xiōng   dì   zǒu   yā   zǒu

五 个 兄 弟 走 呀 走,

The five brothers walk and walk.

shān   lù   nán   xíng   xiǎn   yòu   dǒu

山 路 难 行 险 又 陡。

The rugged mountain road is dangerous and steep.

wèi   le   fù   qīn   zhǎo   líng   zhī

为 了 父 亲 找 灵 芝,

In order to find the Ling Zhi herb for our father,

bù jué lái dào xiá gǔ kǒu
不 觉 来 到 峡 谷 口。
we already have come to a deep canyon.

zhè kě zěn me bàn
这 可 怎 么 办?
What are we going to do?

lǎo dà
老 大：
Eldest Son:

bié zháo jí kàn wǒ de
别 着 急。看 我 的。
Don't worry. Let me help. *(He stretches his legs.)*

wǒ bǎ nǐ men lā guò qù
我 把 你 们 拉 过 去。
I can pull you over. *(He stands over the canyon.)*

yī ge liǎng ge sān ge sì ge
一 个、两 个、三 个、四 个。
(He pulls his brothers over the canyon.) One, two, three, four.

兄　弟：
Brothers:

xiōng dì

五　个　兄　弟　走　呀　走，
wǔ　ge　xiōng　dì　zǒu　yā　zǒu
The five brothers walk and walk.

山　路　难　行　险　又　陡。
shān　lù　nán　xíng　xiǎn　yòu　dǒu
The rugged mountain road is dangerous and steep.

为　了　父　亲　找　灵　芝，
wèi　le　fù　qīn　zhǎo　líng　zhī
In order to find the Ling Zhi herb for our father,

翻　山　越　岭　不　回　头。
fān　shān　yuè　lǐng　bù　huí　tóu
we climb mountains without any hesitation.

五　个　兄　弟　走　呀　走，
wǔ　ge　xiōng　dì　zǒu　yā　zǒu
The five brothers walk and walk.

山　路　难　行　险　又　陡。
shān　lù　nán　xíng　xiǎn　yòu　dǒu
The rugged mountain road is dangerous and steep.

为　了　父　亲　找　灵　芝，
wèi　le　fù　qīn　zhǎo　líng　zhī
In order to find the Ling Zhi herb for our father,

不　觉　来　到　大　湖　口。
bù　jué　lái　dào　dà　hú　kǒu
we must cross the lake in front us.

这　可　怎　么　办？
zhè　kě　zěn　me　bàn
What are we going to do?

老 二:
lǎo èr

別 着 急。看 我 的。
bié zháo jí kàn wǒ de

Second son: Don't worry. Let me help. *(He kneels down.)*

我 把 湖 水 都 喝 干。
wǒ bǎ hú shuǐ dōu hē gān

I will drink all the water from the lake.

兄 弟:
xiōng dì

加 油, 加 油, 加 油。
jiā yóu jiā yóu jiā yóu

Brothers: Go, go, keep on drinking. *(The brothers cross the lake.)*

兄 弟:
xiōng dì

五 个 兄 弟 走 呀 走,
wǔ ge xiōng dì zǒu yā zǒu

Brothers: The five brothers walk and walk.

山 路 难 行 险 又 陡。
shān lù nán xíng xiǎn yòu dǒu

The rugged mountain road is dangerous and steep.

为 了 父 亲 找 灵 芝,
wèi le fù qīn zhǎo líng zhī

In order to find the Ling Zhi herb for our father,

翻 山 越 岭 不 回 头。
fān shān yuè lǐng bù huí tóu

we climb mountains without any hesitation.

五 个 兄 弟 走 呀 走,
wǔ ge xiōng dì zǒu yā zǒu

The five brothers walk and walk.

山 路 难 行 险 又 陡。
shān lù nán xíng xiǎn yòu dǒu

The rugged mountain road is dangerous and steep.

wèi le fù qīn zhǎo líng zhī

为 了 父 亲 找 灵 芝，

In order to find the Ling Zhi herb for our father,

bù jué lái dào shān shàng tóu

不 觉 来 到 山 上 头。

we have come to the top of the mountain.

líng zhī cǎo zài nǎ li ne

灵 芝 草 在 哪 里 呢？

Where is the Ling Zhi herb?

lǎo sān

老 三：

Third Son:

bié zháo jí kàn wǒ de

别 着 急。看 我 的。

Don't worry. Let me help. *(He looks around.)*

shùn zhe wǒ de shǒu zhǐ kàn

顺 着 我 的 手 指 看，

Look in the direction where my finger is pointing,

líng zhī cǎo zài shān yá biān

灵 芝 草 在 山 崖 边。

the Ling Zhi herb is on the side of the cliff.

xiōng dì

兄 弟：

Brothers:

wǔ ge xiōng dì zǒu yā zǒu

五 个 兄 弟 走 呀 走，

The five brothers walk and walk.

shān lù nán xíng xiǎn yòu dǒu

山 路 难 行 险 又 陡。

The rugged mountain road is dangerous and steep.

wèi le fù qīn zhǎo líng zhī

为 了 父 亲 找 灵 芝，

In order to find the Ling Zhi herb for our father,

fān shān yuè lǐng bù huí tóu
翻 山 越 岭 不 回 头。
We climb mountains without any hesitation.

wǔ ge xiōng dì zǒu yā zǒu
五 个 兄 弟 走 呀 走,
The five brothers walk and walk.

shān lù nán xíng xiǎn yòu dǒu
山 路 难 行 险 又 陡。
The rugged mountain road is dangerous and steep.

wèi le fù qīn zhǎo líng zhī
为 了 父 亲 找 灵 芝,
In order to find the Ling Zhi herb for our father,

bù jué lái dào shān yá jiǎo
不 觉 来 到 山 崖 脚。
we have come to the foot of the cliff.

tái tóu kàn jiàn líng zhī cǎo
抬 头 看 见 灵 芝 草。
Raising our heads, we see the Ling Zhi herb.

lǎo sì gāng yào shēn shǒu zhāi
老 四 刚 要 伸 手 摘,
Fourth brother was about to pick it

yì zhī lǎo yīng fēi guò lái
一 只 老 鹰 飞 过 来,
when an eagle flying overhead

měng rán diāo qǐ líng zhī cǎo
猛 然 叼 起 灵 芝 草。
suddenly snatched the Ling Zhi herb.

zhè kě zěn me bàn

这 可 怎 么 办？

What are we going to do?

lǎo wǔ   bié zháo jí kàn wǒ de

老 五：   别 着 急。看 我 的。

Fifth Son: Don't worry. Let me help. *(He reaches for his pebbles.)*

jiào nǐ lǎo yīng zhāng kāi zuǐ

叫 你 老 鹰 张 开 嘴。

I will make the eagle open its beak.

sōu

嗖······

(He throws his pebble.) Whizzing ...

xiōng dì   shí tóu dǎ zhōng lǎo yīng zuǐ

兄 弟：   石 头 打 中 老 鹰 嘴，

Brothers: The pebble hits the eagle's beak and

lǎo yīng téng de wā wā jiào

老 鹰 疼 得 哇 哇 叫。

the bird cries out in pain. *(A student offstage yells, "Ouch!")*

líng	zhī	cǎo	jiù	diào	xià	lái

灵 芝 草 就 掉 下 来，

The Ling Zhi herb falls from the eagle's mouth,

diào	jìn	shān	shí	liè	féng	lǐ

掉 进 山 石 裂 缝 里。

and lands in a crevice.

zhè	kě	zěn	me	bàn

这 可 怎 么 办？

What are we going to do?

老 四：
Fourth Son:

lǎo	sì	bié	zháo	jí	kàn	wǒ	de

别 着 急。看 我 的。

Don't worry. Let me help. *(He bends down.)*

wǒ	bǎ	líng	zhī	ná	chū	lái

我 把 灵 芝 拿 出 来。

I will get the Ling Zhi herb out. *(He stretches his arm.)*

xiōng dì
兄　弟：
Brothers:

xiǎo xīn xiǎo xīn xiǎo xīn
小 心, 小 心, 小 心。
Be careful. *(The brothers watch anxiously.)*

xiōng dì
兄　弟：
Brothers:

wǔ ge xiōng dì zǒu yā zǒu
五 个 兄 弟 走 呀 走,
The five brothers walk and walk.

shān lù nán xíng xiǎn yòu dǒu
山 路 难 行 险 又 陡。
The rugged mountain road is dangerous and steep.

wèi le fù qīn zhǎo líng zhī
为 了 父 亲 找 灵 芝,
In order to find the Ling Zhi herb for our father,

fān shān yuè lǐng bù huí tóu
翻 山 越 岭 不 回 头。
we climb mountains without any hesitation.

wǔ ge xiōng dì zǒu yā zǒu
五 个 兄 弟 走 呀 走,
The five brothers walk and walk.

shān lù nán xíng xiǎn yòu dǒu
山 路 难 行 险 又 陡。
The rugged mountain road is dangerous and steep.

zhǎo dào líng zhī zhēn gāo xìng
找 到 灵 芝 真 高 兴,
We are so happy to have found the Ling Zhi herb,

bù jué huí dào jiā mén kǒu
不 觉 回 到 家 门 口。
that we have come back home.

fù qīn dà rén nín kě hǎo

父 亲 大 人 您 可 好?

Father, how are you? *(All look at their father.)*

kuài kuài qǐng yòng líng zhī cǎo

快 快 请 用 灵 芝 草。

Hurry, please eat the Ling Zhi herb. *(All kneel down on one knee and the eldest brother hands him the herb.)*

fù qīn   shéi zhǎo dào de líng zhī cǎo

父 亲: 谁 找 到 的 灵 芝 草?

Father: Who found the Ling Zhi herb?

xiōng dì   wǒ men dà jiā zhǎo dào de

兄 弟: 我 们 大 家 找 到 的。

Brothers: We five brothers found it together.

fù qīn   wǒ de xīn bìng yǐ zhì hǎo

父 亲: 我 的 心 病 已 治 好。

Father: My illness has been cured.

xiōng dì   nín hái méi chī líng zhī cǎo

兄 弟: 您 还 没 吃 灵 芝 草?

Brothers: But you have not eaten the Ling Zhi herb yet!

fù qīn   nǐ men xiào jìng yòu tuán jié

父 亲: 你 们 孝 敬 又 团 结,

Father: You are filial and know how to stick together.

wǒ hái yòng chī líng zhī cǎo

我 还 用 吃 灵 芝 草?

Do I need to eat the Ling Zhi herb?

(All the brothers look at each other.)

	xiōng	dì						

兄　弟：

Brothers:

wǔ	ge	xiōng	dì	míng	bái	lǎo

五　个　兄　弟　明　白　了，

We five brothers realize that

tuán	jié	yǒu	ài	shì	ge	bǎo

团　结　友　爱　是　个　宝。

being united and loving is a treasure.

(The brothers put their left hands together.)

fù	qīn	de	bìng	shì	xīn	bìng

父　亲　的　病　是　心　病，

Father's illness is worry and concern, but

(The brothers put their hands on their hearts.)

bú	yòng	tài	shān	líng	zhī	cǎo

不　用　泰　山　灵　芝　草。

he does not need the Ling Zhi herb to cure it.

(The brothers shake their heads.)

THE END

背景介绍

　　这个小品是根据著名童话故事"刘家五兄弟"改编的。与原故事不同之处是这个小品删去了原童话中有暴力的部分，加上了一则道德教育。小品有两个场面。第一场，父亲用折木棒的道理来教导他的儿子们要团结才有力量。第二场，由五个儿子叙说他们经受父亲考验的前后。小品中，"把"字句和"被"字句句型反复出现，为学生理解这类句型难点提供感性认识。

教学建议

　　第一部分中的对话句法简单并且反复出现，学生可以从分角色阅读中领会词汇和对话的意思。也可以作为家庭阅读作业来入手。"折木棒"的一段熟悉后，应有机会让学生做讨论和发表各自的意见。第二部分词汇比较多，学生需要一周的时间掌握词汇和练习节拍。老师多做示范阅读，学生在听的过程中体会掌握快板书的特色。多安排家庭作业的时间提高表演的水准。这个小品可以由七到十个学生分担角色。

具体步骤

　　一、介绍第一场词汇和句法并做阅读理解和家庭作业。
　　二、用米尺做教具在课上分角色练习"折木棒"一段。
　　三、介绍快板书部分的词汇并回答学生的提问。
　　四、过脚本内容，由学生挑选角色和做课下的练习。
　　五、分小组反复实践，教师个别辅导。
　　六、如果必要，调整学生的角色，并确保每个学生都知道自己在舞台上走动的位置。

服装道具

　　最理想的布景是学生自己对小品理解后创作的图画系列。可用电脑投影把画儿打在舞台的背景上，也可用白布床单画布景钉挂在幕布上或钉挂在教室的墙上。五个兄弟穿打太极拳的服装，或到地方上华人组织那里去借舞龙舞狮子的服装。五根木棒或树枝得是可以折断的，但绑在一起时则是不能折断的。

舞台表演

　　表演小品的第二部分，如用诗歌形式朗诵要放慢速度。如用快板书的形式要说得更有节奏，一气呵成。这个小品的表演是以说为重点。说得清楚，说得流畅，说得有板有眼足以给观众留下深刻的印象。

评估小结

　　一、学生是否同意小品中那位父亲的做法，为什么？
　　二、学生喜欢小品的哪一部分？能不能复述出来？
　　三、引导学生用各自所熟悉的传统教育对比中国的传统教育。

Background Information

The story "Five Brothers" is based on a well-known Chinese fairy tale entitled "The Five Liu Family Brothers." The main difference from the original fairy tale is that the sketch does not involve violence. Instead, it relies on a traditional moral teaching. There are two scenes in this play. In the first scene, the father uses wooden sticks as an analogy to convince his sons that unity is strength. In the second scene, the five sons tell the story of their attempt to complete their father's challenge. "Ba" and "Bei" sentence structures are repeated throughout the script, providing opportunity for students to understand and use these types of sentences in Chinese.

Teaching Suggestions

Scene 1 of the play is a simple dialogue that gets repeated several times. Students may comprehend the meaning of the dialogue just by reading the parts in class, or the reading can be assigned as homework. After students understand the concept of "breaking up the sticks," there should be time for group discussion so students can express their opinions on the moral teaching. Scene 2 of the play has more vocabulary to study. Give students one week to learn the vocabulary and practice the rhythm of the rhymes. By listening to the teacher demonstrating the rhymes, students can learn how to say them. To improve their performance level, students should practice their parts at home. The sketch requires 7–10 students to perform the roles.

Preparatory Steps

1. Introduce the vocabulary in Scene 1 and give reading homework.
2. Use a yardstick as a prop to teach the dialogue in the first scene.
3. Preview the vocabulary of the rhymes and answer students' questions.
4. Go over the script and let students choose their own roles.
5. Divide the class into small groups for students to practice their individual parts.
6. Adjust the roles as necessary and make sure each student knows where to stand on stage.

Costumes and Props

The ideal stage background is created by students using their imaginations and comprehension of the story. A backdrop can be created by using PowerPoint on a wide screen or by drawing on a large white bed sheet to be hung at the rear of the stage. The five brothers' costumes can be the type used for Tai Chi or similar to costumes worn by dragon or lion dance performers. These types of costumes usually can be borrowed from local Chinese community organizations. The five sticks or twigs should be breakable individually. However, when bound together, they should be unbreakable.

Stage Performance

Recite the second part of the sketch slowly with emotion. If you choose to perform it with hand clapping to get everybody involved, it should be done throughout. The focal point of the performance should be how fluently and clearly students present their roles to the audience. The acting of each character is varied, and humor always adds enjoyment to the presentation.

Assessment

1. Do students agree with the father in the story and why?
2. Ask which part of the play students like best. Can they retell it?
3. Have students compare the moral teachings of Chinese culture with that of their own culture.

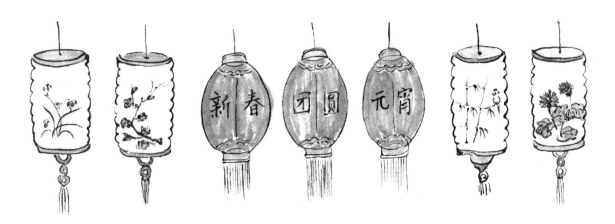

THE LANTERN FESTIVAL

yuán xiāo jié
元 宵 节

rén wù
人 物
Characters

dōng fāng shuò 东 方 朔 **Minister East**	yuán xiāo 元 宵 **Palace Girl**	wèi bīng 卫 兵 **Palace Guard**
huáng dì 皇 帝 **Emperor**	dà chén 大 臣 **Minister**	gōng nǔ yī èr 宫 女 一 & 二 **Palace Girls 1 & 2**
lǎo fū 老 夫 **Old Man**	lǎo fù 老 妇 **Old Man's Wife**	gǔ shǒu men 鼓 手 们 **Drummers**
jiě shuō yuán 解 说 员 **Narrator**	xiǎo fàn 小 贩 **Vendor**	lǎo bǎn yī èr 老 板 一 & 二 **Shop Owners 1 & 2**

Time: Two thousand years ago during the Han Dynasty
Places: Inside the palace
Inside the ancient capital (today it is Xi'an)

解 说 员：

Narrator:

měi nián de nóng lì zhèng yuè shí wǔ

每 年 的 农 历 正 月 十 五

The Chinese Lantern Festival is held annually on the fifteenth day of the first month

shì dēng jié yě jiào yuán xiāo jié gēn

是 灯 节，也 叫 元 宵 节。根

of the lunar year. It is also known as Yuan Xiao Festival.

jù zhōng guó de chuán tǒng zhè yì tiān

据 中 国 的 传 统，这 一 天

According to Chinese tradition, the Lantern Festival is held on

shì zhōng guó xīn nián de zuì hòu yì

是 中 国 新 年 的 最 后 一

the last day of the Chinese New Year celebration period.

tiān rén men guà qǐ dēng long chī tāng

天。人 们 挂 起 灯 笼，吃 汤

People display lit lanterns, eat sticky rice dumplings,

yuán cāi dēng mí wǔ lóng wǔ shī rè

圆，猜 灯 谜，舞 龙 舞 狮，热

solve the puzzles on the lanterns, and perform dragon and

rè nào nào xǐ qìng tuán yuán xiāng chuán

热 闹 闹 喜 庆 团 圆。相 传

lion dances while celebrating family unity. The Lantern Festival

yuán xiāo jié shì cóng hàn dài dì wáng

元 宵 节 是 从 汉 代 帝 王

is believed to have originated when an emperor lit lanterns

diǎn dēng jì shén kāi shǐ de wǒ men

点 灯 祭 神 开 始 的。我 们

as a means of worshipping the god of heaven. Our story now

de gù shi xiàn zài bǎ nín dài huí
的 故 事 现 在 把 您 带 回
takes you back to the Han Dynasty.

dào hàn dài yí wèi jiào dōng fāng shuò
到 汉 代 一 位 叫 东 方 朔
There is a minister called Dong Fang Shuo.

de dà chén nǎ li qù tā cōng míng
的 大 臣 那 里 去。他 聪 明,
He is smart, kind

shàn liáng yòu yǒu fēng qù
善 良,又 有 风 趣⋯⋯
and witty ...

Scene 1

zài huáng gōng
在 皇 宫
In the Palace

(The Ministers and the Guard stand on the left of the stage. On the right of the stage, the palace girls are talking quietly as they make lanterns.)

dà chén
大 臣:
Minister:

dōng fāng shuò jiē huáng shang zhǐ lìng
东 方 朔,接 皇 上 指 令。
Minister East, accept this order from the Emperor.

dōng fāng shuò
东 方 朔:
Minister East:

chén zài
臣 在。
Here I am.

大臣：
Minister:

dà chén

huáng shang zhǐ lìng zhèng yuè shí wǔ
皇 上 指 令 正 月 十 五
The Emperor has ordered his subjects to display lighted

cháng ān chéng shàng shàng xià xià diǎn dēng
长 安 城 上 上 下 下 点 灯
lanterns in Chang An City to show respect to the god of

jìng shén bù dé yǒu wù
敬 神。不 得 有 误。
heaven. No mistakes will be tolerated.

dōng fāng shuò
东 方 朔：
Minister East:

shì chén mǎ shàng zhào bàn wèi bīng
是，臣 马 上 照 办。卫 兵。
Yes, I will act accordingly. Guard.

wèi bīng
卫 兵：
Guard:

zài
在。
Here I am.

dōng fāng shuò
东 方 朔：
Minister East:

qù gào sù gōng nǔ men zuò dà xiǎo
去 告 诉 宫 女 们 做 大 小
Go and tell the palace girls to make lanterns

dēng long yì bǎi zhǎn
灯 笼 一 百 盏。
big and small, one hundred in total.

wèi bīng
卫 兵：
Guard:

shì
是。
Yes.

(Minister and Minister East go offstage. The Guard approaches the palace girls.)

卫兵:
wèi bīng
Guard:

gōng nǚ men dōng fāng dà rén yào
宫 女 们，东 方 大 人 要
Palace girls, Minister East wants

nǐ men zuò yì bǎi zhǎn dēng long
你 们 做 一 百 盏 灯 笼。
you to make 100 lanterns.

宫 女 们:
gōng nǚ men
Palace Girls:

zhī dào le wǒ men zài gěi yuán xiāo
知 道 了。我 们 在 给 元 宵
We already knew. We are telling a story to Yuan Xiao.

jiǎng gù shī nǐ lái tīng bié dǎ rǎo
讲 故 事，你 来 听。别 打 扰!
Come and listen. Do not disturb us!

宫 女 一:
gōng nǚ yī
Palace Girl 1:

chuán shuō tiān dì de shén niǎo
传 说 天 帝 的 神 鸟，
It is said that while the magic bird of the god of heaven

fēi dào rén jiān de shí hou bèi
飞 到 人 间 的 时 候，被
was flying down to earth, it was

yí ge cūn mín shè sǐ le
一 个 村 民 射 死 了。
shot down by a villager.

宫女二: gōng nǚ èr
Palace Girl 2:

天帝非常生气,命令天
tiān dì fēi cháng shēng qì mìng lìng tiān
The god of heaven was very angry and ordered his

兵在正月十五这一天
bīng zài zhèng yuè shí wǔ zhè yì tiān
divine troops to burn down the village on the fifteenth

把那个村庄全部烧毁。
bǎ nǎ ge cūn zhuāng quán bù shāo huǐ
day of the first lunar month.

元宵: yuán xiāo
Yuan Xiao:

那可糟了!
nǎ kě zāo le
That's terrible!

宫女一: gōng nǚ yī
Palace Girl 1:

可天帝的女儿心好,
kě tiān dì de nǚ ér xīn hǎo
But the daughter of the god of heaven acted with kindness.

偷偷到人间把这个
tōu tōu dào rén jiān bǎ zhè ge
She went down to earth secretly and told

消息告诉了村民们。
xiāo xi gào sù le cūn mín men
the villagers of the order.

宫女二: gōng nǚ èr
Palace Girl 2:

村民们听说后又急
cūn mín men tīng shuō hòu yòu jí
The villagers were scared and

又怕。
yòu pà
panicked.

元宵： yuán xiāo
那 后 来 呢？ nà hòu lái ne
Yuan Xiao: Then what happened?

宫 女 二： gōng nǚ èr
有 个 白 胡 子 老 人 叫 yǒu ge bái hú zi lǎo rén jiào
Palace Girl 2: There came a white bearded old man who asked the

村 民 们 晚 上 在 街 上 挂 cūn mín men wǎn shang zài jiē shang guà
villagers to hang lighted lanterns on the street,

灯 笼，烧 柴 火，放 爆 竹。 dēng long shāo chái huo fàng bào zhú
light campfires, and set off firecrackers.

卫 兵： wèi bīng
后 来 呢？ hòu lái ne
Guard: Then what?

宫 女 一： gōng nǚ yī
村 民 们 照 老 人 说 的 cūn mín men zhào lǎo rén shuō de
Palace Girl 1: The villagers did what the old man said.

做 了。整 个 村 庄 就 像 zuò le zhěng gè cūn zhuāng jiù xiàng
The whole village seemed to be

着 了 大 火。 zháo le dà huǒ
on fire.

卫 兵： wèi bīng
为 什 么 这 么 做 呢？ wéi shén me zhè me zuò ne
Guard: Why did the villagers do such things?

gōng nǚ èr

宫 女 二:

Palace Girl 2:

zhè yang tiān bīng men cóng tiān shang

这 样, 天 兵 们 从 天 上

In this way, the divine troops looked down from heaven

wǎng xià kàn yǐ wéi cūn zhuāng yǐ bèi

往 下 看 以 为 村 庄 已 被

and thought the village had already been

shāo huǐ le

烧 毁 了。

burned down.

wèi bīng

卫 兵:

Guard:

òu yuán lái shì zhè me huí shì

噢, 原 来 是 这 么 回 事。

Oh, that is why.

gōng nǚ yī
宫 女 一：

Palace Girl 1:

cūn mín men piàn guò le tiān bīng
村 民 们 骗 过 了 天 兵，

The divine troops were deceived and the villagers were

táo guò le tiān dì de chéng fá
逃 过 了 天 帝 的 惩 罚。

able to avoid being punished by the god of heaven.

(Minister East enters.)

dōng fāng shuò
东 方 朔：

Minister East:

wǒ de tiān a nǐ men zài zhè er
我 的 天 啊，你 们 在 这 儿

My goodness, you are all loafing on your jobs.

tōu lǎn kuài gàn huó er qù
偷 懒。快 干 活 儿 去！

Hurry, get to work.

wèi bīng
卫 兵：

Guard:

shì dà rén
是，大 人。

Yes, my lord. *(Guard goes offstage.)*

gōng nǚ men
宫 女 们：

Palace Girls:

shì dà rén
是，大 人。

Yes, my lord.

wǒ men jiě mèi xīn líng shǒu qiǎo
我 们 姐 妹 心 灵 手 巧，

We sisters are clever with our hands.

yì bǎi zhǎn dēng long yǐ zuò hǎo
一 百 盏 灯 笼 已 做 好。

One hundred lanterns have already been made.

宫 女 一: gōng nǚ yī
Palace Girl 1:

我 在 灯 笼 上 写 "新 春",
wǒ zài dēng longshàng xiě xīn chūn
I will write the word "Spring" on my lantern.

冬 去 春 来 是 新 春。
dōng qù chūn lái shì xīn chūn
Winter is over and spring is here.

宫 女 二: gōng nǚ èr
Palace Girl 2:

我 在 灯 笼 上 写 "团 圆",
wǒ zài dēng long shàng xiě tuán yuán
I will write the word "Reunion" on my lantern.

正 月 十 五 人 团 圆。
zhèng yuè shí wǔ rén tuán yuán
On the fifteenth day of the first lunar month, family members gather for reunion.

元 宵: yuán xiāo
Yuan Xiao:

我 在 灯 笼 上 写 "元 宵",
wǒ zài dēng long shàng xiě yuán xiāo
I will write my name "Yuan Xiao" on my lantern.

元 宵 想 家 不 能 还。
yuán xiāo xiǎng jiā bù néng huán
I miss my family but I cannot go home. (She bursts into tears.)

东 方 朔: dōng fāng shuò
Minister East:

元 宵,你 为 什 么 哭 呀?是
yuán xiāo nǐ wéi shén me kū yā shì
Yuan Xiao, why do you cry? Is it that

不 是 没 有 新 的 衣 服 穿?
bú shì méi yǒu xīn de yī fu chuān
you do not have new clothes to wear?

元 宵: yuán xiāo
Yuan Xiao:

不 是。
bú shì
No.

東方朔: dōng fāng shuò
是不是你生病了? shì bú shì nǐ shēng bìng le

Minister East: Is it that you are not feeling well?

元宵: yuán xiāo
也不是。 yě bú shì

Yuan Xiao: No.

東方朔: dōng fāng shuò
是不是谁欺负你了? shì bú shì shéi qī fù nǐ le

Minister East: Is it that somebody bullies you?

元宵: yuán xiāo
都不是。 dōu bú shì

Yuan Xiao: No.

東方朔: dōng fāng shuò
那你哭什么呢? nǎ nǐ kū shén me ne

Minister East: Then what are you crying for?

元宵: yuán xiāo
我不敢说。 wǒ bù gǎn shuō

Yuan Xiao: I do not dare to say.

東方朔: dōng fāng shuò
说吧,没关系。 shuō ba méi guān xì

Minister East: Spit it out. Don't be afraid.

元宵: yuán xiāo
我想回家看我的父母。 wǒ xiǎng huí jiā kàn wǒ de fù mǔ

Yuan Xiao: I want to go home and see my parents.

東方朔: dōng fāng shuò
这不行,宫中的规矩 zhè bù xíng gōng zhōng de guī ju

Minister East: That is not possible. You know the rules of nǐ shì zhī dào de

你 是 知 道 的。

the palace.

yuán xiāo

元 宵：

Yuan Xiao:

nǎ wǒ kě zěn me bàn ne

那 我 可 怎 么 办 呢！

Then what am I going to do? *(She cries loudly.)*

dōng fāng shuò

东 方 朔：

Minister East:

yuán xiāo kuài bié kū le

元 宵，快 别 哭 了。

Yuan Xiao, please do not cry.

ràng wǒ xiǎng xiǎng bàn fǎ

让 我 想 想 办 法。

Let me think of a way.

(The curtain closes.)

Scene 2

(Minister East hurries out and looks around for a fortune-teller. He sees the fortune-teller and approaches him.)

suàn mìng rén

算 命 人：

Fortune-teller:

dōng fāng dà rén duō rì bú jiàn

东 方 大 人，多 日 不 见，

Minister East, long time no see.

nín jìn lái kě hǎo

您 近 来 可 好？

How are you doing?

dōng fāng shuò

东 方 朔：

Minister East:

hǎo nǐ de shēng yì zěn me yàng

好。你 的 生 意 怎 么 样？

Good. How is your business?

suàn mìng rén
算 命 人：
Fortune-teller:

yì yán nán jìn a
一 言 难 尽 啊。
It is hard to explain in a few words.

dōng fāng shuò
东 方 朔：
Minister East:

wǒ yǒu yí shì qiú nǐ bāng máng
我 有 一 事 求 你 帮 忙？
I must ask you to do me a big favor. *(hands him two silver coins)*

suàn mìng rén
算 命 人：
Fortune-teller:

dōng fāng dà rén jìn guǎn zhí shuō
东 方 大 人，尽 管 直 说。
Minister East, speak out please.

(Minister East whispers something to the fortune-teller and the fortune-teller keeps nodding his head. Minister East goes offstage.)

suàn mìng rén
算 命 人：
Fortune-teller:

bǔ guà suàn mìng suàn mìng bǔ guà
卜 卦，算 命，算 命，卜 卦。
Fortune-telling, Fortune-telling.

dà shì xiǎo shì wǒ xiān zhī dào
大 事 小 事 我 先 知 道。
Big events, small events, I know things beforehand.

xiǎo fàn
小 贩：
Vendor:

suàn mìng xiān shēng wǒ xiǎng zhī dào
算 命 先 生，我 想 知 道
Fortune-teller, I would like to know how my

jīn nián wǒ de shēng yi zěn me yàng
今 年 我 的 生 意 怎 么 样？
business will be this year? *(He hands over two coins.)*

suàn mìng rén
算 命 人：
Fortune-teller:

yào xiǎng shēng yi xīng lóng duō zuò hǎo
要 想 生 意 兴 隆，多 做 好
If you want business to be brisk, do more good deeds

shì bié wàng jì duō jìng huǒ shén
事，别忘记多敬火神。
and don't forget to worship the god of fire.

xiǎo fàn
小 贩：
Vendor:
wéi shén me yào jìng huǒ shén ne
为什么要敬火神呢?
Why should I show respect to the god of fire? (shaking his head)

suàn mìng rén
算 命 人：
Fortune-teller:
bǔ guà suàn mìng suàn mìng bǔ guà
卜 卦，算 命，算 命，卜 卦。
Fortune-telling, Fortune-telling.

dà shì xiǎo shì wǒ xiān zhī dào
大事 小事 我 先 知 道。
Big events, small events, I know things beforehand.

lǎo fū
老 夫：
Old Man:
suàn mìng xiān sheng wǒ jiā guī nǔ yuán
算 命 先 生，我 家 闺 女 元
Fortune-teller, my daughter Yuan Xiao

xiāo lí kāi jiā sān nián le wǒ men
宵 离 开 家 三 年 了。我 们
has been gone for three years.

shén me shí hou cái néng jiàn dào tā
什 么 时 候 才 能 见 到 她?
When are we going to see her again?

suàn mìng rén
算 命 人：
Fortune-teller:
bié zháo jí nǐ yǒu fú xīng gāo zhào
别 着 急，你 有 福 星 高 照。
Do not worry, you are under a lucky star.

nǐ men jiā rén tuán jù zài míng tiān
你 们 家 人 团 聚 在 明 天。
Your family reunion will be tomorrow.

lǎo fù
老 妇:
Old Man's Wife:

míng tiān zhēn shì míng tiān ma
明 天? 真 是 明 天 吗?
Tomorrow? Really tomorrow?

suàn mìng rén
算 命 人:
Fortune-teller:

xiāng xìn wǒ de huà gěi qián
相 信 我 的 话, 给 钱,
If you believe what I said, pay me.

bù xiāng xìn wǒ de huà bié gěi qián
不 相 信 我 的 话, 别 给 钱。
If you don't believe what I said, don't pay me.

lǎo fù
老 妇:
Old Man's Wife:

xiāng xìn wǒ xiāng xìn gěi nín qián
相 信, 我 相 信。给 您 钱。
I believe. Here is the money. *(She hands over two coins.)*

suàn mìng rén
算 命 人:
Fortune-teller:

bǔ guà suàn mìng suàn mìng bǔ guà
卜 卦, 算 命, 算 命, 卜 卦。
Fortune-telling, Fortune-telling.

dà shì xiǎo shì wǒ xiān zhī dào
大 事 小 事 我 先 知 道。
Big events, small events, I know things beforehand.

dà chén
大 臣:
Minister:

suàn mìng xiān shēng wǒ xiǎng zhī dào míng
算 命 先 生, 我 想 知 道 明
Fortune-teller, I would like to know if the city

tiān cháng ān chéng lǐ shì bú shì
天 长 安 城 里 是 不 是
of Chang An will be safe tomorrow?

píng ān
平 安?
(He hands over his silver.)

suàn mìng rén
算 命 人：
Fortune-teller:

zhè yào kàn bā guà shàng zěn me shuō
这 要 看 八 卦 上 怎 么 说。
It depends on what it says on the Eight Trigrams.

zāo gāo cháng ān chéng míng tiān bù
糟 糕！长 安 城 明 天 不
(looking at his trigrams) It's bad! The city of Chang An will

píng ān
平 安。
have troubles tomorrow.

dà chén
大 臣：
Minister:

qǐng wèn zhè huà zěn me jiǎng
请 问 这 话 怎 么 讲？
Could you explain？

suàn mìng rén
算 命 人：
Fortune-teller:

qǐng kàn huǒ shén zài zhèng yuè shí wǔ
请 看！火 神 在 正 月 十 五
Look! On the fifteenth of the month the god of fire

yào dào cháng ān chéng dǎo luàn
要 到 长 安 城 捣 乱。
will come to the city to make trouble.

dà chén
大 臣：
Minister:

wǒ de kuài qù bǐng gào huáng dì
我 得 快 去 禀 告 皇 帝。
I must tell the Emperor right away.

(The curtain opens. The Emperor and Minister East are there talking.)

wèi bīng
卫 兵：
Guard:

dà chén qiu jiàn
大 臣 求 见！
Minister requests an interview.

huáng dì
皇 帝：
Emperor:

ràng tā jìn lái ba
让 他 进 来 吧。
Let him in.

大 臣:
Minister:

dà chén

huáng shang jiē shàng chuan yán yǒu yì
皇 上，街 上 传 言 有 一
Your Highness, there is a rumor spreading that the god

huǒ shén yào dào cháng ān chéng dǎo luàn
火 神 要 到 长 安 城 捣 乱！
of fire is coming to Chang An City and will create trouble.

东 方 朔:
Minister East:

dōng fāng shuò

huáng shang tīng shuō zhè huǒ shén
皇 上，听 说 这 火 神
Your Highness, people say if the god of fire

rú guǒ yǒu tāng yuán chī jiù bù huì
如 果 有 汤 圆 吃 就 不 会
has stuffed dumplings to eat, the god of fire

zài chéng lǐ dǎo luàn le
在 城 里 捣 乱 了。
will not create trouble in the city.

皇 帝:
Emperor:

huáng dì

chuán lìng jiē shàng jiā jiā hù hù
传 令 街 上 家 家 户 户
Order every family on the street to make

dōu yào zuò tāng yuán gòng fèng huǒ shén
都 要 做 汤 圆，供 奉 火 神
dumplings to offer to the god of fire.

bù de yǒu wù
不 得 有 误。
Mistakes will not be tolerated.

东 方 朔:
Minister East:

dōng fāng shuò

shì huáng shang gōng nǚ yuán xiāo
是，皇 上。宫 女 元 宵
Yes, Your Highness. Palace girl Yuan Xiao

zuò de tāng yuán fēi cháng hǎo chī bù
做 的 汤 圆 非 常 好 吃。不
makes very good stuffed dumplings. Why don't we

rú jiào yuán xiāo zuò hǎo tāng yuán suí
如 叫 元 宵 做 好 汤 圆 随
ask Yuan Xiao to make stuffed dumpling and tour with

huáng shang xún chá gòng fèng huǒ shén
皇 上 巡 查,供 奉 火 神。
Your Highness while worshipping the god of fire.

huáng dì
皇 帝:
Emperor:

hǎo wǒ yào chuān biàn yī qīn zì gěi
好。我 要 穿 便 衣 亲 自 给
Good idea. I will wear civilian clothes and personally

huǒ shén shāo xiāng shàng gōng
火 神 烧 香 上 供。
burn joss sticks to show respect to the god of fire.

dōng fāng shuò
东 方 朔:
Minister East:

huáng shang shèng míng
皇 上 圣 明。
Your Highness is so wise.

dà chén
大 臣:
Minister:

zài ràng bǎi xìng dǎ gǔ
再 让 百 姓 打 鼓
Let the people beat drums

wéi huáng shang zhù xìng ba
为 皇 上 助 兴 吧。
to add to the fun for Your Highness.

huáng dì
皇 帝:
Emperor:

hǎo zhǔ yi quán chéng shàng xià diǎn liàng
好 主 意。全 城 上 下 点 亮
That sounds like a great idea. The whole city should

dēng long bǎ chéng mén dǎ kāi
灯 笼, 把 城 门 打 开,
hang lighted lanterns. Open the doors to the city,

ràng cūn mín men jìn chéng guān dēng
让 村 民 们 进 城 观 灯,
let the villagers come in to see the lanterns

hóng hóng huǒ huǒ rè nào yí yè
红 红 火 火 热 闹 一 夜。
and have a lively and exciting evening.

dà chén men
大 臣 们:
Ministers:

shì huáng shang
是, 皇 上。
Yes, Your Highness.

(The curtain closes.)

Scene 3

cháng ān chéng nèi

长 安 城 内

Inside Chang An City

(The curtain opens on the ancient city scene.)

xiǎo fàn

小 贩:

Vendor:

mài tāng yuán le mài tāng yuán le

卖 汤 圆 了,卖 汤 圆 了。

Stuffed dumplings for sale, stuffed dumplings for sale.

wǒ de tāng yuán yuán yòu tián

我 的 汤 圆 圆 又 甜,

My dumplings are round and sweet

chī shàng yì wǎn yí kuài qián

吃 上 一 碗 一 块 钱,

and a bowl of them costs only one coin.

bù tián bú yào qián

不 甜 不 要 钱。

If they are not sweet, I will not take your coin.

mài tāng yuán le mài tāng yuán le

卖 汤 圆 了,卖 汤 圆 了。

Stuffed dumplings for sale, stuffed dumplings for sale.

lǎo bǎn yī

老 板 一:

Shop Owner 1:

mài tāng yuán le mài tāng yuán le

卖 汤 圆 了,卖 汤 圆 了。

Stuffed dumplings for sale, stuffed dumplings for sale.

wǒ de tāng yuán tián tián diào yá

我 的 汤 圆 甜,甜 掉 牙。

My stuffed dumplings are so sweet that your teeth will fall out.

mài tāng yuán le mài tāng yuán le

卖 汤 圆 了,卖 汤 圆 了!

Stuffed dumplings for sale, stuffed dumplings for sale!

pián yi le chī yì wǎn bā máo qián
便 宜 了，吃 一 碗 八 毛 钱。
They are cheap. One bowl costs only eighty cents.

lǎo bǎn èr
老 板 二：
Shop Owner 2:

mài tāng yuán le mài tāng yuán le
卖 汤 圆 了，卖 汤 圆 了。
Stuffed dumplings for sale, stuffed dumplings for sale.

wǒ de tāng yuán yuán yòu yuán
我 的 汤 圆 圆 又 圆，
My dumplings are round and

chī le tāng yuán jiā rén tuán yuán
吃 了 汤 圆，家 人 团 圆。
after eating them you will be reunited with your family.

mài tāng yuán le mài tāng yuán le
卖 汤 圆 了，卖 汤 圆 了。
Stuffed dumplings for sale, stuffed dumplings for sale.

(The Emperor stops at the portrait of the god of fire and bows three times. The ministers, including Minister East, do the same.)

(Drummers use drum sticks as if they are beating drums.)

dǎ gǔ shǒu
打 鼓 手：
Drummers:

dōng dōng dōng qiàng dōng dōng dōng qiàng
咚 咚 咚 呛，咚 咚 咚 呛，
Dong, Dong, Dong, Qiang, the drums are beating,

dōng dōng dōng qiàng dōng qiàng dōng qiàng
咚 咚 咚 呛 咚 呛 咚 呛

qiàng qiàng
呛 呛。

jīn tiān qiāo xiǎng tài píng gǔ
今 天 敲 响 太 平 鼓，
Today we beat the peaceful drums loudly,

jìng shén jìng fó jìng fù mǔ

敬 神 敬 佛 敬 父 母。

we are showing respect to the god of heaven, Buddha and our parents.

wǔ lóng wǔ shī niǔ yāng gē

舞 龙 舞 狮 扭 秧 歌,

People perform dragon and lion dances while others dance the yangko.

xǐ qìng tuán yuán zài shí wǔ

喜 庆 团 圆 在 十 五。

We celebrate reunions on the fifteenth day of the first lunar month.

(Drummers use drum sticks and dance as if they are beating their drums.)

dōng dōng dōng qiàng dōng dōng dōng qiàng

咚 咚 咚 呛, 咚 咚 咚 呛,

Dong, Dong, Dong Qiang, the drums are beating,

dōng dōng dōng qiàng dōng qiàng dōng qiàng

咚 咚 咚 呛 咚 呛 咚 呛

qiàng qiàng

呛 呛。

lǎo fù 老 妇: **Old Man's Wife:**	kuài zǒu yā nǎ biān yǒu rè nào kàn 快 走 呀！那 边 有 热 闹 看。 Hurry! The excitement and noise are over there.
xiǎo fǎn 小 贩: **Vendor:**	mài tāng yuán le mài tāng yuán le 卖 汤 圆 了，卖 汤 圆 了。 Stuffed dumplings for sale, stuffed dumplings for sale.

wǒ de tāng yuán yuán yòu tián

我 的 汤 圆 圆 又 甜，

My dumplings are round and sweet,

chī shàng yì wǎn yí kuài qián

吃 上 一 碗 一 块 钱，

and a bowl of them costs only one coin.

bù tián bú yào qián

不 甜 不 要 钱。

If they are not sweet, I will not take your coin.

lǎo fū 老 夫: **Old Man:**	wǒ yào liǎng wǎn rè tāng yuán 我 要 两 碗 热 汤 圆。 I would like to have two bowls of hot stuffed dumpling soup.
lǎo fù 老 妇: **Old Man's Wife:**	zhè tāng yuán kě zhēn tián yā 这 汤 圆 可 真 甜 呀。 This dumpling soup is really good.
lǎo bǎn yī 老 板 一: **Shop Owner 1:**	mài tāng yuán le mài tāng yuán le 卖 汤 圆 了，卖 汤 圆 了。 Stuffed dumplings for sale, stuffed dumplings for sale.

wǒ de tāng yuán tián tián diào yá

我 的 汤 圆 甜, 甜 掉 牙。

My dumplings are so sweet that your teeth will fall out.

mài tāng yuán le mài tāng yuán le

卖 汤 圆 了, 卖 汤 圆 了。

Stuffed dumplings for sale, stuffed dumplings for sale.

pián yi le chī yì wǎn bā máo qián

便 宜 了, 吃 一 碗 八 毛 钱。

They are cheap. One bowl costs only eighty cents.

dōng fāng shuò

东 方 朔:

Minister East:

huáng shang zhè biān qǐng

皇 上, 这 边 请。

Your Highness, this way please.

lǎo bǎn èr

老 板 二:

Shop Owner 2:

mài tāng yuán le mài tāng yuán le

卖 汤 圆 了! 卖 汤 圆 了!

Stuffed dumplings for sale! Stuffed dumplings for sale!

wǒ de tāng yuán yuán yòu yuán

我 的 汤 圆 圆 又 圆,

My dumplings are round and

chī le tāng yuán jiā rén tuán yuán

吃 了 汤 圆, 家 人 团 圆。

after eating them you will be reunited with your family.

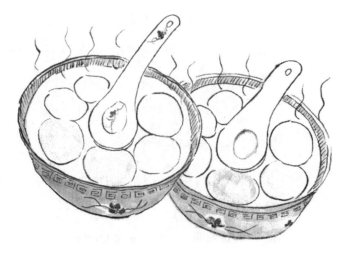

mài tāng yuán le   mài tāng yuán le
卖 汤 圆 了, 卖 汤 圆 了。
Stuffed dumplings for sale, stuffed dumplings for sale.

dōng fāng shuò
东 方 朔:
Minister East:

kàn zhè jiā de tāng yuán hěn bú cuò
看, 这 家 的 汤 圆 很 不 错。
Look, this shop's stuffed dumplings look very good.

yuán xiāo bǎ dēng long jǔ qǐ lái
元 宵, 把 灯 笼 举 起 来。
Yuan Xiao, please raise up the lantern.

yuán xiāo
元 宵:
Yuan Xiao:

shì dà rén láo jià le
是, 大 人。劳 驾 了。
Yes, master, excuse me.

dōng fāng shuò
东 方 朔:
Minister East:

tì huáng shang cháng cháng zhè tāng yuán
替 皇 上 尝 尝 这 汤 圆。
Please taste the dumplings first for the Emperor.

yuán xiāo
元 宵:
Yuan Xiao:

shì dà rén zhè tāng yuán hěn hǎo
是, 大 人。这 汤 圆 很 好。
Yes, master. The dumplings are fine.

lǎo fū
老 夫:
Old Man:

yuán xiāo yuán xiāo nǎ dēng long shàng
元 宵, 元 宵。那 灯 笼 上
Yuan Xiao, Yuan Xiao, the words written on the lantern

xiě zhe wǒ guī nǚ de míng zì
写 着 我 闺 女 的 名 字。
are my daughter's name.

yuán xiāo yuán xiāo nǐ zài nǎ ér
元 宵, 元 宵, 你 在 哪 儿?
Yuan Xiao, Yuan Xiao, where are you?

老 妇 人: lǎo fù rén
元 宵, 元 宵, 你 在 哪 儿? yuán xiāo yuán xiāo nǐ zài nǎ ér
Old Man's Wife: Yuan Xiao, Yuan Xiao, where are you?

爸 妈 想 死 你 了。 bà mā xiǎng sǐ nǐ le
Your dad and mom miss you badly.

元 宵: yuán xiāo
爸, 妈, 女 儿 元 宵 在 这 儿。 bà mā nǔ ér yuán xiāo zài zhèr
Yuan Xiao: Dad, Mom, your daughter Yuan Xiao is here.

女 儿 不 孝, 不 能 伺 候 nǔ ér bù xiào bù néng cì hòu
I am not a dutiful daughter and could not wait on

您 们。 nin men
you.

老 妇 人: lǎo fù rén
快 别 这 么 说, 爸 妈 想 kuài bié zhè me shuō bà mā xiǎng
Old Man's Wife: Please do not say that. We miss

你 呀。 nǐ yā
you.

元 宵: yuán xiāo
我 也 想 您 们。父 母 大 人, wǒ yě xiǎng nín men fù mǔ dà rén
Yuan Xiao: I miss you, too. Father and Mother,

快 请 拜 见 皇 上。 kuài qǐng bài jiàn huáng shàng
hurry and pay respect to the Emperor. *(bows)*

lǎo fū
老 夫：
Old Man:

xiè huáng shàng ràng wǒ jiā rén tuán yuán
谢 皇 上 让 我 家 人 团 圆。
Thanks to Your Highness for letting my family be reunited. *(bows)*

xiè huáng shàng ràng tā men mǔ nǚ
谢 皇 上 让 她 们 母 女
Thanks to Your Highness for letting the mother and daughter

xiāng jiàn
相 见。
see each other.

huáng dì
皇 帝：
Emperor:

jīn tiān shì ge hǎo rì zi
今 天 是 个 好 日 子，
Today is a good day.

kàn yuán xiāo jiā rén tuán yuán
看 元 宵 家 人 团 圆。
I have seen Yuan Xiao's family reunion.

jīn tiān shì ge hǎo rì zi
今 天 是 个 好 日 子，
Today is a good day.

cháng ān chéng píng píng ān ān
长 安 城 平 平 安 安。
Chang An City is peaceful.

jīn tiān shì ge hǎo rì zi
今 天 是 个 好 日 子，
Today is a good day.

qìng yuán xiāo cǐ shí nián nián
庆 元 宵 此 时 年 年。
We will celebrate the Lantern Festival at this time every year.

(Drummers use drum sticks as if they are beating drums.)

gǔ shǒu men
鼓 手 们：
Drummers:

dōng dōng dōng qiàng dōng dōng dōng qiàng
咚 咚 咚 呛， 咚 咚 咚 呛，
Dong, Dong, Dong Qiang, the drums are beating.

dōng dōng dōng qiàng dōng qiàng dōng qiàng
咚 咚 咚 呛 咚 呛 咚 呛

qiàng qiàng
呛 呛。

dà jiā
大 家：
All:

jīn tiān qiāo xiǎng tài píng gǔ
今 天 敲 响 太 平 鼓，
Today we beat the peaceful drums loudly.

jìng shén jìng fó jìng fù mǔ
敬 神 敬 佛 敬 父 母。
We are showing respect to the god of heaven, Buddha and our parents.

wǔ lóng wǔ shī niǔ yāng gē
舞 龙 舞 狮 扭 秧 歌，
People perform dragon and lion dances while others dance the yangko.

xǐ qìng tuán yuán zài shí wǔ
喜 庆 团 圆 在 十 五。
We celebrate reunions on the fifteenth day of the first lunar month.

dōng dōng dōng qiàng dōng dōng dōng qiàng
咚 咚 咚 呛， 咚 咚 咚 呛，
Dong, Dong, Dong Qiang, the drums are beating.

dōng dōng dōng qiàng dōng qiàng dōng qiàng

咚　咚　咚　呛　咚　呛　咚　呛

qiàng qiàng

呛　呛。

| huáng dì 皇 帝: Emperor: | òu xiàn zài wǒ míng bái le 噢,现 在 我 明 白 了, Oh, I understand now. |

dōng fāng shuò shì nǐ

东 方 朔,是 你……

Minister East, it was you ...

| dōng fāng shuò 东 方 朔: Minister East: | dōng fāng shuò xiàng huáng shàng qǐng zuì 东 方 朔 向 皇 上 请 罪。 I confess my fault to Your Highness. |

| huáng dì 皇 帝: Emperor: | bǎi xìng ān lè wǒ miǎn nǐ wú zuì 百 姓 安 乐,我 免 你 无 罪。 People are at peace and happy, so I will excuse your guilt. |

| dōng fāng shuò 东 方 朔: Minister: | xiè huáng shàng 谢 皇 上。 Thank you, Your Highness. |

| gǔ shǒu men 鼓 手 们: Drummers: | dōng dōng dōng qiàng dōng dōng dōng qiàng 咚　咚　咚　呛,咚　咚　咚　呛, Dong, Dong, Dong Qiang, the drums are beating. |

dōng dōng dōng qiàng dōng qiàng dōng qiàng

咚　咚　咚　呛　咚　呛　咚　呛

qiàng qiàng

呛　呛。

dà jiā
大 家:
All:

jīn tiān qiāo xiǎng tài píng gǔ
今 天 敲 响 太 平 鼓,
Today we beat the peaceful drums loudly.

jìng shén jìng fó jìng fù mǔ
敬 神 敬 佛 敬 父 母。
We are showing respect to the god of heaven, Buddha and our parents.

wǔ lóng wǔ shī niǔ yāng gē
舞 龙 舞 狮 扭 秧 歌,
People perform dragon and lion dances while others dance the yangko.

xǐ qìng tuán yuán zài shí wǔ
喜 庆 团 圆 在 十 五。
We celebrate reunions on the fifteenth day of the first lunar month.

dōng dōng dōng qiàng dōng dōng dōng qiàng
咚 咚 咚 呛,咚 咚 咚 呛,
Dong, Dong, Dong Qiang, the drums are beating.

dōng dōng dōng qiàng dōng qiàng dōng qiàng
咚 咚 咚 呛 咚 呛 咚 呛

qiàng qiàng
呛 呛。

(Drummers continue beating drum sticks as if they are beating drums.)

THE END

教学参考

背景介绍

在中国和世界各地有中国人的社区里，元宵节是重要的节日，也是每年庆祝新春佳节的尾声。民间有挂灯笼，吃元宵，猜灯谜，舞龙舞狮和扭秧歌的风俗。元宵节的起源有不同的说法，但归根结底说的都是对神灵的崇拜。这个小品以古时候汉代的人物为线索，通过人物的对话来叙说元宵节的传说。小品的对话中使用了十五个常用的成语，学生们在学习对话的同时学会如何恰到好处地使用这些成语。

教学建议

元宵节是一个热闹的节目，可以先一边学打鼓一边学打鼓的歌谣。接下来可以把天帝的神鸟的传说单另出来让学生阅读。最后再介绍传说中的人物和小品的脚本。整个教学大约需要四个课时。这个小品在春节前后学演，收效最好。

具体步骤

一、帮助学生在网上搜索有关元宵节的传说和风俗。
二、课堂分享有关元宵节的传说并回答学生们的问题。
三、让学生学打鼓的歌谣并阅读那段农夫射死神鸟的传说。
四、介绍小品中的人物和脚本内容，学生挑选喜欢的角色。
五、让学生按角色阅读脚本，教师及时纠正语音语调。
六、准备安排道具的制作，学生分小组作对话练习。
七、让学生熟悉背诵各自角色的台词后在舞台上实践。

服装道具

三个宫女用的大红灯笼可以自己做，也可以购买。用红纸做作小灯笼把舞台装饰起来渲染气氛。在网上找资料，照着画一个汉代的宫殿或只画宫殿的屋檐做背景。用纸板做两个卖汤圆的小摊位和一个有"火神"字样的摊位表示长安城的街道。

舞台表演

舞台背景需有宫殿和长安城两个画面。把宫殿内的背景放在舞台的左侧；长安城的街道在右侧。彩排时，一定安排固定好演员从舞台的哪里进，哪里出。东方朔和算命人的一幕可以在舞台幕布的前面表演。

评估小结

一、让学生解释元宵节的来历和传说。
二、讨论元宵节的传统庆祝方式。
三、请学生用中文复述部分元宵节的故事。

Background Information

In China and the Chinese-speaking world, the Lantern Festival is an important holiday. It is also the last day of two weeks of Chinese New Year celebration. People light red lanterns, make and eat round sticky dumplings, and perform lion and dragon dances. Although the Lantern Festival has several different origins, a common theme centers on worshipping the god of heaven. This short play uses characters from the ancient Han Dynasty as a shared thread and presents the legends of the Lantern Festival through the characters' dialogues. Throughout the sketch, fifteen common idioms are used, allowing students to learn the correct context for each.

Teaching Suggestions

Since the Lantern Festival bustles with activity, start by teaching students the four-line rhymes while letting students pretend to beat drums. Next, introduce the legend about the magic bird separately as it is revealed as one of the origins of the festival. Finally, when the play is introduced, students will feel comfortable since they will have some advance knowledge of the story. Students need four weeks to learn their lines by heart. During Chinese New Year is the best time to stage a performance of this play.

Preparatory Steps

1. Help your students do research about the festival online.
2. In class, share the myths related to the Lantern Festival and answer students' questions.
3. Have students learn the drum chant and read about the legend of the magic bird that was killed by a farmer.
4. Introduce the whole play and let students choose their own roles.
5. Have students practice their roles by reading through the script, and help them with pronunciation as necessary.
6. Plan and assemble props while students practice dialogues in groups.
7. Have students practice on stage when they know their lines by heart.

Costumes and Props

Make or purchase three large lanterns to be used by the palace girls. Use little red paper lanterns to decorate the stage or classroom, creating a holiday atmosphere. Obtain some images from the Internet and, using them as reference, draw an ancient building or just a building's roof to indicate the scene takes place inside a palace during the Han Dynasty. Use display cardboard to create two vendors' booths and one stand for the god of fire, to indicate a street market.

Stage Performance

The stage backdrop should have two scenes. The palace scene is on the left and the street scene on the right. During rehearsal, performers should know exactly where to enter and where to exit the stage. The dialogue between Minister East and the fortune-teller can be carried out in front of the closed stage curtain.

Assessment

1. Have students explain the origin of the Lantern Festival.
2. Discuss the traditional ways to celebrate the festival.
3. Have students retell part of the story in Chinese.

CANG JIE

cāng   jié   zào   zì
仓　　颉　　造　　字

rén   wù
人　　物
Characters

cāng jié
仓 颉
Cang Jie

wèi bīng yī & èr
卫 兵 一 & 二
Guards 1 & 2

huáng dì
黄 帝
Emperor Huang

yú fū
渔 夫
Fisherman

liè rén yī 、 èr & sān
猎 人 一、二 & 三
Hunters 1, 2 & 3

jiě shuō yuán
解 说 员
Narrator

Time:	Five thousand years ago
Places:	In a palace At a seashore In a forest

jiě shuō yuán
解 说 员：
Narrator:

rú guǒ nǐ xiǎng zhī dào zhōng guó de
如 果 你 想 知 道 中 国 的
If you have ever wondered how Chinese

wén zì shì zěn me lái de qǐng kàn
文 字 是 怎 么 来 的, 请 看
characters were created, please watch

xià miàn de zhè ge chuán shuō wǔ qiān
下 面 的 这 个 传 说。五 千
the following legend. About five thousand

nián qián yǒu ge jiào cāng jié de rén
年 前, 有 个 叫 仓 颉 的 人,
years ago, there was a person named Cang Jie.

tā wéi huáng dì zuò shì
他 为 黄 帝 做 事。
He served under Emperor Huang.

Scene 1

zài gōng diàn lǐ
在 宫 殿 里
In a palace

wèi bīng yī
卫 兵 一：
Guard 1:

huáng dì jià dào
黄 帝 驾 到。
Emperor Huang has arrived.

wèi bīng èr
卫 兵 二：
Guard 2:

huáng dì jià dào
黄 帝 驾 到。
Emperor Huang has arrived.

huáng dì
黄 帝:
Emperor:

wǒ shì huáng dì chuán cāng jié
我 是 黄 帝, 传 仓 颉。
(to audience) I am Emperor Huang. *(to guards)* Send Cang Jie here.

wèi bīng yī
卫 兵 一:
Guard 1:

jiào cāng jié jìn lái chuán cāng jié
叫 仓 颉 进 来。传 仓 颉。
(speaks to Guard 2) Call in Cang Jie.

wèi bīng èr
卫 兵 二:
Guard 2:

jiào cāng jié jìn lái chuán cāng jié
叫 仓 颉 进 来。传 仓 颉。
Sending in Cang Jie.

cāng jié
仓 颉:
Cang Jie:

wǒ shì cāng jié diàn xià
我 是 仓 颉。殿 下,
I am Cang Jie. Your Highness,

yǒu shén me fēn fu
有 什 么 吩 咐?
what can I do for you?

huáng dì
黄 帝:
Emperor:

cāng jié wǒ jiào nǐ jì lù měi tiān
仓 颉,我 叫 你 记 录 每 天
Cang Jie, I have asked you to record

fā shēng de dà shì
发 生 的 大 事。
events that happen daily.

nǐ xiǎng chū bàn fǎ le ma
你 想 出 办 法 了 吗?
Have you thought of a way yet?

cāng jié
仓 颉:
Cang Jie:

diàn xià wǒ yǒu bàn fǎ le
殿 下,我 有 办 法 了。
Your Highness, I have a way.

nín kàn yí ge dà jié shì dà shì
您 看，一 个 大 结 是 大 事，
Please look, one big knot represents an important event,

yí ge xiǎo jié shì xiǎo shì sān ge
一 个 小 结 是 小 事。三 个
and a small knot means a minor event. Three

jié shì duì sì ge jié shì cuò
结 是 对，四 个 结 是 错。
knots means correct, and four knots means wrong.

huáng dì
黄 帝：
Emperor:

ràng wǒ kàn yí ge dà jié shì dà
让 我 看。一 个 大 结 是 大
Let me take a look. A big knot represents an important

shì yí ge xiǎo jié shì xiǎo shì sān
事，一 个 小 结 是 小 事。三
event, and a small knot represents a minor event.

ge jié shì cuò sì ge jié shì duì
个 结 是 错，四 个 结 是 对。
Three knots means wrong, and four knots means right.

cāng jié
仓 颉：
Cang Jie:

bú duì bú duì diàn xià sān ge jié
不 对，不 对。殿 下，三 个 结
No. No. Your Highness, Three knots

shì duì sì ge jié shì cuò
是 对，四 个 结 是 错。
means right, and four knots means wrong.

huáng dì
黄 帝：
Huang Di:

wǒ cuò le ma zhè me róng yì cuò
我 错 了 吗？这 么 容 易 错。
Am I wrong? It is easy to make mistakes.

bù xíng zhè ge bàn fǎ bù xíng
不 行，这 个 办 法 不 行。
No, this method does not work.

nǐ zài xiǎng xīn de bàn fǎ ba
你 再 想 新 的 办 法 吧！
You must think of a new method!

cāng jié
仓 颉：
Cang Jie:
shì cāng jié míng bái
是，仓 颉 明 白。
Yes, I understand.

huáng dì
黄 帝：
Emperor:
wǒ yào nǐ zào zì zào bù
我 要 你 造 字。造 不
I want you to create characters. If you

chū lái jiù bié lái jiàn wǒ
出 来，就 别 来 见 我。
can't, then don't come to see me.

cāng jié
仓 颉：
Cang Jie:
hěn bào qiàn cāng jié gào cí le
很 抱 歉，仓 颉 告 辞 了。
Terribly sorry, I am leaving now.

wèi bīng èr
卫 兵 二：
Guard 2:
sòng cāng jié
送 仓 颉。
Sending off Cang Jie. *(speaks to Guard 1)*

wèi bīng yī
卫 兵 一：
Guard 1:
sòng cāng jié
送 仓 颉。
Sending off Cang Jie. *(Cang Jie leaves reluctantly.)*

解说员:
Narrator:

仓颉回到家后，苦思冥
After Cang Jie returned home, he thought very hard about a

想造字的办法。他想了
method for creating characters. He thought about it for

三天三夜，什么也没想
three days and three nights, but he came up with

出来。
nothing.

Scene 2

在森林里
In a forest

仓颉:
Cang Jie:

黄帝要我造字。这字可
Emperor Huang asked me to create characters. How

怎么造呢? 怎么造呢?
can I do it? How can I do it?

猎人一:
Hunter 1:

老大爷，您要去哪里呀?
Old man, where are you going?

cāng jié
仓 颉：
Cang Jie:
wǒ hái méi xiǎng hǎo ne
我 还 没 想 好 呢。
I have not decided yet.

liè rén èr
猎 人 二：
Hunter 2:
nín yào shi zhǎo yǒu lù de dì fang
您 要 是 找 有 鹿 的 地 方，
If you want to find where the deer are,

cóng zhèr wǎng zuǒ guǎi
从 这 儿 往 左 拐。
turn left from here.

cāng jié
仓 颉：
Cang Jie:
wèi shén me nǐ zěn me zhī dào
为 什 么? 你 怎 么 知 道?
Why? How do you know?

liè rén èr
猎 人 二：
Hunter 2:
nín kàn dì shang yǒu hěn duō lù
您 看 地 上 有 很 多 鹿
You see there are many deer

de jiǎo yìn
的 脚 印。
footprints.

liè	rén	yī		nín	yào	zhǎo	yǒu	yě	tù	de	dì	fang
猎 人 一: 您 要 找 有 野 兔 的 地 方，
Hunter 1: If you want to find where the hare is,

cóng zhèr wǎng yòu guǎi
从 这 儿 往 右 拐。
turn right from here.

cāng jié wèi shén me nǐ zěn me zhī dào
仓 颉: 为 什 么? 你 怎 么 知 道?
Cang Jie: Why? How do you know?

liè rén yī nín kàn dì shang yǒu hěn duō yě tù
猎 人 一: 您 看 地 上 有 很 多 野 兔
Hunter 1: You see there are many

de jiǎo yìn
的 脚 印。
hare footprints.

cāng jié duō xiè le
仓 颉: 多 谢 了。
Cang Jie: Many thanks.

liè rén yī èr bú yòng xiè zài jiàn
猎人一 & 二: 不 用 谢。再 见。
Hunters 1 & 2: Not at all. Bye.

(The two hunters turn left to hunt deer.)

cāng jié zài jiàn wǒ qù yòu biān kàn yí kàn
仓 颉: 再 见。我 去 右 边 看 一 看。
Chang Jie: Bye. I will go to the right to look around.

(He turns right and encounters another hunter.)

liè rén sān nín zǎo

猎 人 三： 您 早！

Hunter 3: Good morning. (*bows with two hands together*)

cāng jié nín zǎo

仓 颉： 您 早！

Cang Jie: Good morning. (*holds two hands in front of his chest*)

liè rén sān nín bú xiàng shì ge liè rén

猎 人 三： 您 不 像 是 个 猎 人。

Hunter 3: (*He looks Cang Jie up and down.*) You do not look like a hunter.

zhè me zǎo lái zhèr zuò shén me

这 么 早 来 这 儿 做 什 么？

(*curiously*) What brings you here so early in the morning?

cāng jié wǒ xiǎng zhuā zhī yě tù zi

仓 颉： 我 想 抓 只 野 兔 子。

Cang Jie: I want to catch a hare. (*looking at hunter's catch curiously*)

qǐng wèn nǐ shì zěn me zhuā dào zhè

请 问，你 是 怎 么 抓 到 这

May I ask how you caught so many

me duō xiǎo dòng wù de yā

么 多 小 动 物 的 呀？

small animals?

liè rén sān zhè hěn róng yì wǒ kàn dòng wù de

猎 人 三： 这 很 容 易，我 看 动 物 的

Hunter 3: It is easy. I follow the animal's

jiǎo yìn nín kàn zhè shì tù zi de

脚 印。您 看，这 是 兔 子 的

footprints. Look! This is the footprint

jiǎo yìn nǎ shì hú li de jiǎo yìn

脚 印, 那 是 狐 狸 的 脚 印。

of a hare, and that is the footprint of a fox.

仓 颉
cāng jié
Cang Jie:

děng yí xià qǐng nǐ zài shuō yí biàn

等 一 下, 请 你 再 说 一 遍。

Wait a second. Please say that again.

猎 人 三:
liè rén sān
Hunter 3:

wǒ shuō wǒ kàn dòng wù de jiǎo yìn

我 说 我 看 动 物 的 脚 印。

I said I followed the animal's footprints.

zěn me le

怎 么 了?

Why?

仓 颉:
cāng jié
Cang Jie:

duì duì duì jí le wǒ zěn me

对, 对, 对 极 了! 我 怎 么

Right, right, exactly! *(speaks to audience)* Why didn't I

cóng lái dōu méi yǒu xiǎng dào ne

从 来 都 没 有 想 到 呢?

ever think of this?

dòng wù　de　jiǎo yìn　jiǎo yìn
动 物 的 脚 印，脚 印，
(speaks to himself) animal footprints, footprints

wǒ　kě　yǐ　huà dòng wù　de　jiǎo yìn
我 可 以 画 动 物 的 脚 印。
I could draw the animals' footprints.

wǒ　yě　kě　yǐ　huà dòng wù
我 也 可 以 画 动 物。
I could also draw the animals themselves.

(He starts to draw right away.)

liè　rén　sān
猎 人 三：
Hunter 3:

nín　zài　nǎr　zuò shén me　ne
您 在 那 儿 做 什 么 呢？
(curious) What are you doing there?

cāng jié
仓 颉：
Cang Jie:

wǒ　zài　huà huàr　zhè　shì　tù
我 在 画 画 儿。这 是 兔，
I am drawing pictures. *(draws on the ground)* This is a hare.

zhè　shì　niǎo zhè　shì　lù
这 是 鸟，这 是 鹿。
This is a bird. This is a deer.

liè　rén　sān
猎 人 三：
Hunter 3:

huà　zhè　xiē　zuò shén me　ne
画 这 些 做 什 么 呢？
(confused) What is the purpose of your drawings?

cāng jié
仓 颉：
Cang Jie:

huà　fā shēng de　shì qing bú　duì
画 发 生 的 事 情。不 对，
I draw what has happened. No,

shì　jì　lù　fā shēng de　shì qing
是 记 录 发 生 的 事 情。
my purpose is to record what has happened.

猎人三: *liè rén sān*
Hunter 3:

发生了什么事情? *fā shēng le shén me shì qing*
(even more confused) What has happened?

仓颉: *cāng jié*
Cang Jie:

一件大事。 *yí jiàn dà shì*
A very important thing.

猎人三: *liè rén sān*
Hunter 3:

什么大事? *shén me dà shì*
What important thing?

仓颉: *cāng jié*
Cang Jie:

我也说不清。反正我得 *wǒ yě shuō bù qīng fǎn zhèng wǒ děi*
I cannot explain clearly. Anyway, I have to

多多谢谢你。 *duō duō xiè xie nǐ*
thank you very much.

猎人三: *liè rén sān*
Hunter 3:

谢我什么呢?您可真 *xiè wǒ shén me ne nín kě zhēn*
Thank me for what? You are really

奇怪。 *qí guài*
strange.

解说员: *jiě shuō yuán*
Narrator:

仓颉一边走,一边仔细 *cāng jié yì biān zǒu yì biān zǐ xì*
While walking along, Cang Jie carefully

观察他周围的事物。 *guān chá tā zhōu wéi de shì wù*
observes things around him.

bù   zhī   bù   jué   tā   lái   dào   le   dà
不 知 不 觉 他 来 到 了 大

Without being aware of it, he has arrived at the

hǎi   biān
海 边。

seashore.

Scene 3

zài   hǎi   biān
在 海 边

At the seashore

(A fisherman is spreading his fish net; he catches a sea turtle and yells for help.)

yú fū	āi yā wǒ zhuā dào yì zhī hǎi guī
渔 夫:	哎 呀, 我 抓 到 一 只 海 龟。
Fisherman:	Oh my! I caught a sea turtle.

cāng jié	lǎo rén jiā zhè shì zěn me huí shì
仓 颉:	老 人 家, 这 是 怎 么 回 事?
Cang Jie:	(curiously) Sir, what's happening here?

yú fū	zhè zhī hǎi guī tài zhòng le
渔 夫:	这 只 海 龟 太 重 了,
Fisherman:	*(pulling the turtle)* This sea turtle is too heavy.

nǐ   bāng   wǒ   lā   yí   xià   kě   yǐ   ma
你 帮 我 拉 一 下, 可 以 吗?

Please help me pull it up, could you?

cāng jié	kě yǐ kě yǐ wǒ lái bāng nǐ lā
仓 颉:	可 以, 可 以。我 来 帮 你 拉。
Cang Jie:	Sure. I will help you pull. *(joins him and pulls hard)*

渔夫：
Fisherman:

谢 谢。您 看，这 只 海 龟
xiè xie nín kàn zhè zhī hǎi guī
Thank you. Look at the turtle.

背 上 的 花 纹 很 奇 怪，
bèi shang de huā wén hěn qí guài
There are some strange markings on the shell of the turtle.
(pointing with his finger)

好 象 画 的 是 山 和 田。
hǎo xiàng huà de shì shān hé tián
They look like mountains and fields.

仓 颉：
Cang Jie:

真 的 呀。这 儿 好 像 是 山。
zhēn de yā zhèr hǎo xiàng shì shān
Yes, you are correct. Here the markings look like a mountain.
(pointing with his finger)

渔 夫：
Fisherman:

那 儿 好 像 是 田。
nǎr hǎo xiàng shì tián
There the markings look like a field.

仓 颉：
Cang Jie:

有 意 思，真 有 意 思。我 怎
yǒu yì si zhēn yǒu yì si wǒ zěn
It is interesting, really interesting.

么 从 来 都 没 有 注 意 到
me cóng lái dōu méi yǒu zhù yì dào
Why have I never noticed this?

呢? 我 的 天 啊! 我 有 新
ne wǒ de tiān a wǒ yǒu xīn
Oh, my! *(to the fisherman)* I have found a new

办 法 了!
bàn fǎ le
method!

渔夫:
Fisherman:
yú fū

dà rén shén me xīn bàn fǎ
大 人,什 么 新 办 法?
Sir, what new method?

wǒ bù dǒng nín zài shuō shén me
我 不 懂 您 在 说 什 么!
I don't understand what you are talking about!

仓 颉:
Cang Jie:
cāng jié

wǒ xiǎng shuō nǐ zhēn ràng wǒ gāo xìng
我 想 说 你 真 让 我 高 兴。
I want to say that you made my day.

duō xiè duō xiè
多 谢 多 谢。
Thanks a lot. *(He leaves in a hurry.)*

渔 夫:
Fisherman:
yú fū

bú kè qi
不……客 气。
You are welcome. *(He doesn't understand what Cang Jie said.)*

解 说 员:
Narrator:
jiě shuō yuán

cāng jié jì xù zào zì tā bái
仓 颉 继 续 造 字,他 白
Cang Jie continued to create characters. He created

tiān zào zì wǎn shang yě zào zì
天 造 字 晚 上 也 造 字,
characters day and night and forgot all about

fèi qǐn wàng shí
废 寝 忘 食。
eating and sleeping.

(Show background illustration of mountains and a waterfall.)

仓 颉:
Cang Jie:
cāng jié

zhè shì shān zhè shì shuǐ
这 是 山。这 是 水。
This is a mountain. This is water.

(Show background illustration of deer and birds.)

zhè shì lù zhè shì niǎo

这 是 鹿。这 是 鸟。

This is a deer. This is a bird.

(Cang Jie stares at the pictures and carves the images on a piece of turtle shell.)

(Turn lights off to indicate night and the moon rising gradually; turn on lights to indicate the sun rising and the start of day.)

cāng jié
仓 颉:
Cang Jie:

zhè shì yuè zhè shì rì

这 是 月。这 是 日。

This is the moon. This is the sun.

huáng dì shì hǎi biān de

黄 帝,是 海 边 的

(speaking to the audience) Emperor Huang,

yú fū hé sēn lín lǐ

渔 夫 和 森 林 里

a fisherman at the seashore and hunters

de liè rén qǐ fā le wǒ

的 猎 人 启 发 了 我。

in a forest inspired and enlightened me.

(He points to the fisherman and hunters who are in spotlights on the stage.)

jiě shuō yuán
解 说 员:
Narrator:

cāng jié jī lèi mín zhòng de

仓 颉 积 累 民 众 的

Cang Jie collected people's

zhì huì zào le hěn duō hěn duō

智 慧,造 了 很 多 很 多

wisdom and created many characters.

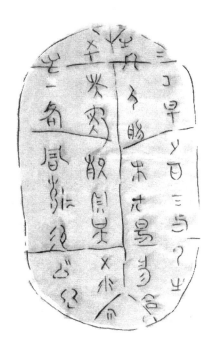

de　zì　tā　sǐ　hòu　rén　men　jì　xù

的　字。他　死　后　人　们　继　续

After he died, people continued to

zào　zì　jiù　yǒu　le　jīn　tiān　dú　yī

造　字　就　有　了　今　天　独　一

create characters that became today's unique

wú　èr　de　zhōng guó　wén　zì　wèi　le

无　二　的　中　国　文　字。为　了

Chinese scripts.

jì　niàn　cāng　jié　yí　wèi　zhōng guó

纪　念　仓　颉，一　位　中　国

In memory of Cang Jie,

huà　jiā　zài　cāng　jié　de　xiào　xiàng

画　家　在　仓　颉　的　肖　像

a Chinese artist drew four eyes

shang huà　le　sì　zhī　yǎn　jing　yì　si

上　画　了　四　只　眼　睛。意　思

in Cang Jie's portrait.

shì　shuō　tā　kàn　jiàn　le　bié　rén

是　说，他　看　见　了　别　人

He meant to acknowledge that Cang Jie saw

méi　yǒu　kàn　dào　de　dōng　xi

没　有　看　到　的　东　西。

what others did not see.

THE END

背景介绍

中国文字的形成是中国古代的人千百年来智慧的结晶。汉字对中国的文化和文明的发展起了重大的作用。仓颉是汉字开创和搜集的代表人物。小品的情节是根据仓颉造字的传说改编成的。小品中黄帝是中国古代传说中的帝王,被认为是中华民族的始祖,仓颉是他的大臣之一。

教学建议

这个小品中的动作动词较多,教学可以从学生挑选各自的角色入手,让他们边熟悉新词汇边学习表演,如用绳子打结,看动物的脚印等。学生对一边学对话一边表演有兴趣,会学得很快。作出一个学习目标和计划,给学生足够的时间消化理解这个小剧,利用家庭作业的时间要
求学生朗读背诵。

具体步骤

一、让学生在网上搜索有关仓颉的信息并在课堂上与大家分享。
二、预习小品内容并挑选或分配角色。
三、让学生分头做新词汇的学习并轮流在班上讲解,教师做必要的辅导。
四、课堂过小品的内容,留背诵台词的家庭作业。
五、课堂实践表演小品脚本,教师做个别辅导。
六、讨论分配道具的制作。

服装道具

黄帝需戴一顶有珠帘的帽子。仓颉结绳记事的表演,可以用学校里跳绳的绳子。找玩具动物做猎人的猎物,猎人把猎物系在皮带上。学生可以用硬纸板做一只可以拉动的大海龟。用较厚的硬纸板做一条渔船的侧面。

舞台表演

在宫殿里,可以有两个卫兵站在舞台的两侧,两个仕女站在黄帝的两侧。在树林里,可以由四个学生站在纸板做的树后面,指明东西南北的方向。在海边的情景,渔夫站在渔船的侧面,一边使劲拉一只海龟,一边大声呼唤。

评估小结

一、看看学生是否能通过分析一些汉字的偏旁部首来理解那些汉字的意思。
二、请学生复述整个仓颉的故事或是其中的部分。

Background Information

The development of Chinese characters is a crystallization of thousands of years of ancient Chinese wisdom. Chinese characters have played an important role in the development of Chinese culture and civilization. Cang Jie is the figure who represents the formation and collection of Chinese characters. This play is based on legends of how Cang Jie himself created Chinese characters. The Yellow Emperor in the sketch is a legendary sovereign who is considered the ancestor of the Chinese people, and Cang Jie served as one of his administrators.

Teaching Suggestions

This play has many action verbs, so after students choose their favorite parts, let them practice the new vocabulary as they act out the sketch. Examples of these actions are making a knot with a rope or observing footprints of animals. Students are more interested in learning dialogues while acting, and thus learn more quickly. Develop a project goal that includes a time frame for learning. Allow students enough time to digest and understand the whole play. Ask students to use their homework hours to become fluent.

Preparatory Steps

1. Have students do research about Cang Jie and share with the class.
2. Preview the script and let students choose their own roles.
3. Have students form groups to study new vocabulary words and take turns explaining the new terms to the class; guide them when necessary.
4. Go over the play by roles and assign homework to each student.
5. Practice the play in class and assist individual students.
6. Discuss making props and divide the tasks among students.

Costumes and Props

The emperor should wear a hat with beads hanging down (see picture below). For Cang Jie's first method, use a school jump rope to make knots. The hunter should wear a leather belt. Tie stuffed animals to the belt to look like prey. Students can use cardboard to make an actual size sea turtle that can be pulled along. Thicker cardboard can be used to construct the side of a fishing boat.

Stage Performance

At the palace, two performers posing as guards stand on both sides of the stage and two performers posing as maids stand behind the Yellow Emperor. In the forest, have four students stand behind cardboard trees and point in four directions. At the seashore, the fisherman stands behind the cardboard fishing boat pulling a sea turtle and yelling for help.

Assessment

1. Determine if students are able to analyze the radicals of some Chinese characters to understand the meaning of those characters.
2. Have students tell the whole or part of the story about Cang Jie.

DRAGON BOAT FESTIVAL

duān wǔ jié
端 午 节

rén wù
人 物
Characters

qū yuán
屈 原
Qu Yuan

chuán fū
船 夫
Boatman

cūn mín men
村 民 们
Villagers

jiě shuō yuán
解 说 员
Narrator

yú xiā men
鱼 虾 们
Fish & Shrimp

zhāng sān
张 三
Zhang San

lǐ sì
李 四
Li Si

Time: 2,400 years ago
Place: At the banks of the Mi Luo River in China

解说员:
Narrator:

jiě shuō yuán

每年的阴历五月初五
měi nián de yīn lì wǔ yuè chū wǔ

The Duan Wu Festival, also known as The Dragon Boat Festival,

是端午节,又叫龙舟节。
shì duān wǔ jié yòu jiào lóng zhōu jié

is held annually on the fifth day of the fifth month in the lunar

龙舟节是为纪念两千
lóng zhōu jié shì wèi jì niàn liǎng qiān

calendar. The Dragon Boat Festival is held in

年前的一位诗人,这位
nián qián de yí wèi shī rén zhè wèi

memory of an ancient poet of 2,000 years ago.

诗人的名字叫屈原。屈
shī rén de míng zi jiào qū yuán qū

The name of the poet is Qu Yuan.

原是公元前三百一十
yuán shì gōng yuán qián sān bǎi yī shí

Around 316 B.C., during the Warring States period, Qu Yuan

六年,春秋战国时代,楚
liù nián chūn qiū zhàn guó shí dài chǔ

was a minister (a senior official) of the Ancient Chu Kingdom.

国的大夫。他为楚王出
guó de dà fū tā wèi chǔ wáng chū

He gave advice and suggestions to the king of Chu,

谋划策,说话直率,完全
móu huà cè shuō huà zhí shuài wán quán

speaking straightforwardly

bú gù gè rén de ān wēi kě shì
不 顾 个 人 的 安 危。可 是,
despite the danger to himself.

hú tu de chǔ wáng tīng bú jìn qū
糊 涂 的 楚 王 听 不 进 屈
However, the muddle-headed king of Chu did not listen to

yuán de zhōng gào què tīng xìn le xiǎo
原 的 忠 告。却 听 信 了 小
Qu Yuan's sincere advice. Instead he believed malicious

rén de huài huà bǎ qū yuán liú fàng
人 的 坏 话,把 屈 原 流 放
remarks from jealous court insiders and sent Qu Yuan into

dào biān yuǎn de mì luó jiāng pàn
到 边 远 的 泪 罗 江 畔。
exile in a remote area near the Mi Luo River.

dà jiā   chǔ guó yǒu qū yuán
大 家: 楚 国 有 屈 原,
All: Qu Yuan served for Ancient Chu,

zhōng jūn jìn zhí yán
忠 君 尽 直 言。
He was loyal and spoke the truth.

xiǎo rén shuō huài huà
小 人 说 坏 话,
The jealous men slandered him,

chǔ wáng bù shí xián
楚 王 不 识 贤。
and the king of Chu failed to appreciate his virtue.

zhāng sān
张 三:
Zhang San:

nǎ bú shì qū yuán dà fū ma
那 不 是 屈 原 大 夫 吗?
Is that Qu Yuan Dafu? *("Dafu" means "senior official.")*

dà jiā
大 家:
All:

nín hǎo qū yuán dà fū
您 好! 屈 原 大 夫。
(warmly greeting him) Qu Yuan Dafu, hello!

qū yuán
屈 原:
Qu Yuan:

dà jiā hǎo
大 家 好!
Hello, everyone!

zhāng sān
张 三:
Zhang San:

qū yuán dà fū nín kàn shàng qù zěn
屈 原 大 夫, 您 看 上 去 怎
Qu Yuan Dafu, How come you

me zhè yàng de bēi shāng
么 这 样 的 悲 伤?
look so sad? *(He shows his concern.)*

qū yuán
屈 原:
Qu Yuan:

chǔ guó yǒu nàn wǒ bù néng
楚 国 有 难, 我 不 能
Our Chu is in danger, but I can't

jìn lì a
尽 力 啊。
do anything!

zhāng sān
张 三:
Zhang San:

nín bié tài nán guò dāng xīn shēn tǐ
您 别 太 难 过, 当 心 身 体。
Please don't feel so sad, and take care of yourself.

lǐ sì
李 四:
Li Si:

qū yuán dà fū qǐng dài shàng zhè wǔ
屈 原 大 夫, 请 戴 上 这 五
Qu Yuan Dafu, please wear this five-

cǎi bāo tā néng wèi nín bì xié ne
彩 包， 它 能 为 您 避 邪 呢。
colored ornament; it can help you avoid evil spirits.

qū yuán
屈 原：
Qu Yuan:

duō xiè nǐ men de hǎo yì
多 谢 你 们 的 好 意。
Many thanks for your kindness.

lǐ sì
李 四：
Li Si:

wǒ men zài bāo zòng zi nín hé
我 们 在 包 粽 子。您 和
We are wrapping sticky dumplings.

wǒ men yì qǐ bāo ba
我 们 一 起 包 吧。
Please join us in wrapping them.

(The villagers are wrapping sticky dumplings and putting them into a basket.)

dà jiā
大 家：
All:

wǔ yuè chū wǔ dào
五 月 初 五 到，
The fifth day of the fifth month (of the lunar year) has arrived,

zòng zi bù néng shǎo
粽 子 不 能 少。
sticky dumplings cannot be missed.

dài shàng wǔ cǎi bāo
戴 上 五 彩 包，
We wear the five-colored ornaments,

pàn wàng shēn tǐ hǎo
盼 望 身 体 好。
and wish to have good health.

(A boatman approaches, pulling an oar.)

chuán fū

船 夫：

Boatman:

qū yuán dà fū hǎo

屈 原 大 夫 好！

Hello, Qu Yuan Dafu!

qū yuán

屈 原：

Qu Yuan:

hǎo chuán fū xiōng dì qǐng děng yi děng

好，船 夫 兄 弟！请 等 一 等！

Hello, Boatman! Please wait for me!

chuán fū

船 夫：

Boatman:

yào zuò chuán ma qǐng shàng chuán

要 坐 船 吗？请 上 船。

Want to take a ride? Please get on the boat.

qū yuán

屈 原：

Qu Yuan:

duō xiè le

多 谢 了。

Thanks a lot.

chuán fū

船 夫：

Boatman:

nín qù nǎ li

您 去 哪 里？

Where do you want to go?

qū yuán
屈原：
Qu Yuan:

mì luó jiāng
汩 罗 江。
The Mi Luo River.

chuán fū
船 夫：
Boatman:

hǎo yā lái sǎn sǎn xīn ba
好 呀。来 散 散 心 吧。
Good idea. Come and relax.

qū yuán dà fū hǎo
屈 原 大 夫 好，
Hello, Qu Dafu,

jīn rì chū mén zǎo
今 日 出 门 早。
You are out early today.

zuò wǒ xiǎo yú chuán
坐 我 小 渔 船，
Please take my little fishing boat,

mì luó jiāng shàng pǎo
汩 罗 江 上 跑。
and tour the Mi Luo River.

(Qu Yuan breathes a long sigh.)

qū yuán dà fū nín wéi shén me
屈 原 大 夫，您 为 什 么
Qu Yuan Dafu, why do you

tàn qì
叹 气？
sigh?

qū yuán
屈原：
Qu Yuan:

wǒ duì bù qǐ chǔ guó de bǎi xìng
我 对 不 起 楚 国 的 百 姓。
I let down the people of Chu.

chuán fū

船 夫:

Boatman:

bié zhè me shuō bǎi xìng men zhī dào

别 这 么 说。百 姓 们 知 道

Do not say that. People know you did your job in

nín wéi rén zhèng zhí dōu hěn

您 为 人 正 直, 都 很

an upright and honest manner,

ài dài nín

爱 戴 您。

and you have their love and respect.

(Qu Yuan sighs again and says the following lines.)

qū yuán

屈 原:

Qu Yuan:

wú nài lí jiā xiāng

无 奈 离 家 乡,

Without a choice I left home, *(very emotionally)*

guó nàn bù kān xiǎng

国 难 不 堪 想。

And I cannot bear that Chu is in danger.

qīng qīng chǔ jiāng shuǐ

清 清 楚 江 水,

Let the clear water in the Chu River

xǐ wǒ xīn zhòng shāng

洗 我 心 中 伤。

wash away the sorrow from my heart.

chuán fū

船 夫:

Boatman:

nín xīn li nán guò shuō chū lái

您 心 里 难 过, 说 出 来

If you have sorrow in your heart, speak of it

jiù hǎo le

就 好 了。

and you will feel better.

qū yuán

屈 原：

Qu Yuan:

chǔ dà wáng chǔ dà wáng

楚 大 王，楚 大 王，

The king of Chu, *(Qu Yuan speaks to the sky)*

chǔ guó wéi zài dàn xī a

楚 国 危 在 旦 夕 啊！

Chu is on the verge of destruction!

(Qu Yuan uses his paint brush to write on slips of bamboo.)

jiě shuō yuán

解 说 员：

Narrator:

qū yuán mǎn huái bēi fèn xiě xià

屈 原 满 怀 悲 愤 写 下

With grief and indignation, Qu Yuan wrote

dòng rén de shī jù xù shuō

动 人 的 诗 句，叙 说

down his moving poetic lines, expressing

tā de ài guó zhī xīn

他 的 爱 国 之 心。

his patriotism.

(Stage performers recite the following rhyme while Qu Yuan is writing his poem with his brush.)

dà   jiā

大 家：
All:

qū   yuán chuan tóu   yín   shī   piān

屈 原 船 头 吟 诗 篇，

Qu Yuan recited his poems at the bow,

jù   jù   zhēn qíng shēng shēng yān

句 句 真 情 声 声 咽。

his words were true and his voice was sad.

wèi   guó   yōu shāng wèi   jūn   chóu

为 国 忧 伤 为 君 愁，

He worries about his country and its king,

yōu   chóu   nán   jìn   kǔ   lián   lián

忧 愁 难 尽 苦 连 连。

and his bitterness was beyond description.

(Qu Yuan throws away his paint brush and stands with his chin held high.)

qū   yuán

屈 原：
Qu Yuan:

chǔ   dà   wáng chǔ   dà   wáng chǔ   guó

楚 大 王, 楚 大 王, 楚 国

King of Chu, king of Chu, The Chu kingdom

bù   gāi   zhè   yàng wán   jié   a

不 该 这 样 完 结 啊！

should not be ended this way!

(Qu Yuan jumps into the river.)

chuán fū

船 夫：
Boatman:

lái   rén   yā   jiù   mìng   a

来 人 呀。救 命 啊！

Somebody help!

qū   yuán   dà   fū   tóu jiāng   le

屈 原 大 夫 投 江 了。

Qu Yuan Dafu has jumped into the river.

李 四：
Li Si:

lái rén yā jiù mìng a
来 人 呀。救 命 啊!
Somebody help!

qū yuán dà fū tóu jiāng le
屈 原 大 夫 投 江 了。
Qu Yuan Dafu has jumped into the river.

大 家：
All:

qū yuán dà fū tóu jiāng lǎo
屈 原 大 夫 投 江 了，
Qu Yuan Dafu has jumped into the river.

wǒ men dà jiā kuài qù zhǎo
我 们 大 家 快 去 找。
Let us hurry and look for him.

dà chuán xiǎo chuán qí chū dòng
大 船 小 船 齐 出 动，
Big boats and small boats are sent out to search,

jiù rén jiù mìng yào jí zǎo
救 人 救 命 要 及 早。
and we can save his life before it is too late.

解 说 员：
Narrator:

cūn mín men tīng dào qū yuán tóu jiāng
村 民 们 听 到 屈 原 投 江
When villagers heard the news that Qu Yuan

de xiāo xí fēn fēn huá chuán qù zhǎo
的 消 息，纷 纷 划 船 去 找。
had jumped into the river, they all went to look for him.

lián hé li de yú xiā dōu
连 河 里 的 鱼 虾 都
Even the fish and shrimp in the river

bèi jīng dòng le

被 惊 动 了。

were alarmed.

yú xiā men

鱼 虾 们:

Fish and Shrimp:

chuán ér chuān suō xíng

船 儿 穿 梭 行,

Boats are shuttling back and forth,

rén men hū bù tíng

人 们 呼 不 停。

People are shouting endlessly.

bù zhī wèi hé shì

不 知 为 何 事?

What are these noises about?

ràng wǒ zǐ xì tīng

让 我 仔 细 听。

Let me listen carefully.

zhāng sān

张 三:

Zhang San:

qū yuán dà fū shì hǎo rén wǒ men

屈 原 大 夫 是 好 人, 我 们

Qu Yuan Dafu is a good man,

bù néng ràng yú xiā shāng hài tā

不 能 让 鱼 虾 伤 害 他。

we cannot let the fish and shrimp hurt him.

lǐ sì

李 四:

Li Si:

bǎ bāo hǎo de zòng zi ná guò

把 包 好 的 粽 子 拿 过

Bring the wrapped sticky dumplings over here,

lái rēng dào hé li wèi yú xiā

来, 扔 到 河 里 喂 鱼 虾。

and throw them into the river to feed the fish and shrimp.

dà jiā
大 家：
All:

yú ér yú ér tīng wǒ shuō
鱼 儿 鱼 儿 听 我 说，
(speaks to audience) Fish, listen to me,

qū yuán dà fū gōng láo duō
屈 原 大 夫 功 劳 多。
Qu Yuan Dafu contributed so much.

qiú qiu nǐ men bié shāng tā
求 求 你 们 别 伤 他，
We beg you not to harm him.

tián mǐ zòng zi hěn bú cuò
甜 米 粽 子 很 不 错。
The sweet dumplings are very good to eat.

qīng xiā míng xiā tīng wǒ shuō
青 虾 明 虾 听 我 说。
Shrimp, listen to me,

qū yuán dà fū gōng láo duō
屈 原 大 夫 功 劳 多。
Qu Yuan Dafu contributed so much.

qiú qiu nǐ men bié shāng tā
求 求 你 们 别 伤 他,
We beg you not to harm him.

xián ròu zòng zi yě bú cuò
咸 肉 粽 子 也 不 错。
The meaty dumplings are also good to eat.

yú xiā men
鱼 虾 们:
Fish and Shrimp:

tián mǐ zòng zi zhēn bú cuò
甜 米 粽 子 真 不 错,
The sweet dumplings are really good.

yǒu chī yǒu hē hǎo kuài huó
有 吃 有 喝 好 快 活。
We are happy to have food and drink.

wǒ men cóng lái bù shāng rén
我 们 从 来 不 伤 人,
We have never hurt people,

nǐ men bú yòng tài nán guò
你 们 不 用 太 难 过。
so you do not need to be sad.

jiě shuō yuán
解 说 员：
Narrator:

duān wǔ jié zhōng guó rén chī zòng zi
端 午 节，中 国 人 吃 粽 子
At Duan Wu, the Chinese people's custom of eating sticky

de xí sú yì zhí yán xù dào
的 习 俗 一 直 延 续 到
dumplings continues today.

jīn tiān rén men sài lóng chuan de huó
今 天。人 们 赛 龙 船 的 活
The tradition of dragon boat races

dòng yě jiù shì zhè yàng kāi shǐ de
动 也 就 是 这 样 开 始 的。
was also begun.

(Performers come on stage with two cardboard dragon boats. Four or five performers hold each dragon boat and gently move it up and down to create the illusion of the boat moving forward. Performers should count "one, two, one, two" to find their beat and then start to recite the closing rhymes.)

dà jiā
大 家：
All:

xí rì duān wǔ huá lóng chuán
昔 日 端 午 划 龙 船，
In the former days people raced their boats

xún zhǎo shī rén jiào qū yuán
寻 找 诗 人 叫 屈 原。
looking for a poet named Qu Yuan.

bāo hǎo zòng zi tóu xià hé
包 好 粽 子 投 下 河，
Throwing wrapped dumplings into the river,

zhī pàn shī rén shī gǔ quán
只 盼 诗 人 尸 骨 全。
they only hoped the poet's body would stay complete.

jīn rì duān wǔ huá lóng chuán

今 日 端 午 划 龙 船，

Today we race dragon boats,

jì niàn shī rén jiào qū yuán

纪 念 诗 人 叫 屈 原。

in memory of the poet named Qu Yuan.

jiā jiā hù hù chī zòng zi

家 家 户 户 吃 粽 子，

Many families eat sticky dumplings,

dòng rén xīn pò chǔ cí chuán

动 人 心 魄 楚 辞 传。

and the soul-touching Songs of Chu have been passed on.

THE END

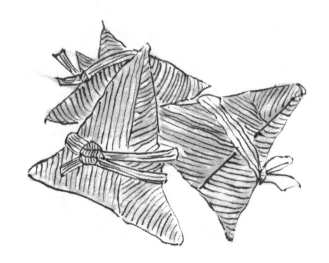

背景介绍

端午节是中国最重要的传统节日之一。民间有吃粽子和赛龙船的习俗，都是为了纪念诗人屈原。端午节的小品用叙述，人物对话，和诗歌朗诵三种形式，叙说了屈原被流放到他投河自尽的一段历史事实。小品解释了赛龙船和吃粽子的起因。同时，用诙谐的手法改变这个沉重的故事，让河里的鱼虾们也有了说话的机会。

教学建议

教学中，通过TPRS*讲故事，是一个帮助学生理解人物对话的有效方法。小品中的诗歌因为有韵律，背诵起来比较容易。一定鼓励学生把屈原的诗歌全部背诵下来，这一实践将对学生的语音语调很有帮助。这个小品表演的成分比较多，注意选用最佳人选来扮演每个角色。从开始到熟练掌握大约需要四个课时的教学和一周的家庭作业的时间。

具体步骤

一、学生在网上搜集端午节的信息并分小组分享。
二、教师用表演的形式介绍小品的内容和新词汇。
三、教师做诗歌部分的示范和讲解并回答学生的问题。
四、挑选角色，分组练习，留朗读背诵的家庭作业。
五、适当调整角色并过脚本的全部内容。
六、分配道具制作的任务并做个别辅导。

服装道具

屈原的形象可在网上战国时代找到。做一个头饰是代表屈原这个人物的好办法。渔夫摇小船只需做一只桨。两条龙船可用硬纸板制作，颜色以红和橙色为主。山丘和村庄可以画在纸板上。

舞台表演

幕布拉起，背景是山丘和附近的村庄。拿着一只划桨的渔夫表示村庄前面是汨罗江。跟河里的鱼虾说话时，要把观众当鱼虾。两条龙船在舞台上。可最后出现，推出高潮。四五个学生用双手提着龙船的上沿，稍稍上下移动可造成船在水中行进的效果。两条船同时上下移动形成赛龙船的情景。

评估小结

一、看看学生是否能说出端午节简短的来龙去脉。
二、请学生背诵全部或部分有关端午节的诗歌。
三、看看学生是否能用自己的话或小品中的话说说端午节。

---

* "带动说" (TPRS) (形体带动说话) 是汉语教学中教行为动词和具体名词的一种方法。有关这方面更多的信息，需在www.tpr-world.com查找或者阅读James J. Asher写的《通过动作学另一种语言》的文章。

Teaching Reference

Background Information

The Dragon Boat Festival is one of the most important traditional holidays in China. People eat sticky rice dumplings and race dragon boats in memory of the poet Qu Yuan. Using narration, dialogue, and verse, the sketch recalls the time from Qu Yuan's exile until his death. It explains the origin of dragon boat racing and the consumption of sticky dumplings. Because the historical story of Qu Yuan is quite sad, the play presents the story in a humorous way to change the mood of the story. For example, the sketch uses personification to let fish and shrimp talk.

Teaching Suggestions

In the teaching process, using the Total Physical Response (TPR) storytelling approach* is an effective way to help students comprehend the dialogues in the sketch. The poems rhyme and are easy for students to memorize. Students should be encouraged to memorize all of the poems in the script. This practice will help students improve their pronunciation and intonation. The play has many acting parts, and it is crucial to pick the right person for the right character. It will take approximately four hours of class instruction and one week's homework for students to learn their parts by heart.

Preparatory Steps

1. Do research on the Dragon Boat Festival and preview the dialogues.
2. Introduce the skit through TPR storytelling and explain difficult words.
3. Model how the poems are recited and answer student questions.
4. Choose roles, have students practice in groups, and assign homework.
5. Go over the whole script and adjust roles accordingly.
6. Check assignments and divide the job of making props.

Costumes and Props

Qu Yuan's image can be found online among images of the Warring States period. It is a good idea to make a hat to indicate the character of Qu Yuan. The fisherman only needs an oar. Two dragon boats can be made out of a large cardboard box. Red and orange will be suitable colors for the boats. The images of the village and hill can be drawn on a cardboard as well.

Stage Performance

When the stage curtain is up, the backdrop should depict a river bank with a village nearby. A fisherman with an oar indicates there is a river in front of the village. When speaking to the fish in the river, performers should speak to the audience as if they are fish. Have the two dragon boats enter the stage at the end of the poem to create a climax to the story. Four or five students can hold the upper part of the dragon boats in front of them on stage and gently move the boats up and down. The movement will create the impression that the boats are racing.

Assessment

1. See if students are able to tell the story of Qu Yuan and the Dragon Boat Festival.
2. Ask students to recite whole poems or parts of poems in the play.
3. Have students retell parts of the play in Chinese.

---

*TPR (Total Physical Response) is an approach to teaching Chinese action verbs and concrete nouns. For more information, visit www.tpr-world.com or read *Learning Another Language through Actions,* by Dr. James J. Asher.

COWHERD & WEAVER GIRL

niú láng zhī nǚ
牛 郎 织 女

rén wù
人 物
Characters

niú láng
牛 郎
Cowherd

zhī nǚ
织 女
Weaver Girl

lǎo niú
老 牛
Old Ox

wáng mǔ
王 母
Queen Mother

jiě shuō yuán
解 说 员
Narrator

tiān bīng
天 兵
Divine Troops

Time: Once upon a time
Places: In the sky   On the earth

jiě shuō yuán
解 说 员：
Narrator:

qíng lǎng de xià yè nǐ néng kàn jiàn
晴 朗 的 夏 夜，你 能 看 见
On a fine summer night, you can see

tiān shàng yǒu yí piàn mì mì má má
天 上 有 一 片 密 密 麻 麻
the sky is thickly studded with

de xīng qún kàn qǐ lái xiàng shì
的 星 群。看 起 来 像 是
stars. It looks like a

yī tiáo hé suǒ yǐ rén men bǎ tā
一 条 河，所 以 人 们 把 它
river, so people call it the

jiào zuò yín hé yín hé de dōng miàn
叫 做 银 河。银 河 的 东 面
Silver River (or Milky Way). On the east side of the Milky Way,

yǒu yī kē xīng jiào zhī nǚ xīng
有 一 颗 星 叫 织 女 星，
there is a star named Vega.

yín hé de xī miàn yǒu yī kē xīng

银 河 的 西 面 有 一 颗 星

On the west side of the Milky Way, there is a star

jiào niú láng xīng niú láng hé zhī nǚ

叫 牛 郎 星。牛 郎 和 织 女

called Altair. The mythical story of Cowherd and Weaver Girl is

de shén huà gù shi shuō de jiù shì

的 神 话 故 事 说 的 就 是

zhè liǎng kē xīng xing chuán shuō tiān shàng

这 两 颗 星 星。传 说 天 上

about these two stars. People say that the Milky Way

de yín hé yuán lái zài dì shàng

的 银 河 原 来 在 地 上。

used to be on earth.

yín hé de xī àn zhù zhe

银 河 的 西 岸 住 着

On the west bank of the Milky Way lived

yí ge nóng fū jiào niú láng

一 个 农 夫 叫 牛 郎，

a farmer named Cowherd,

tā qín láo shàn liáng yǒu yì zhī

他 勤 劳 善 良，有 一 只

he was hardworking, kind, and had an

lǎo niú péi zhe tā

老 牛 陪 着 他。

old ox to accompany him.

Scene 1

zài yín hé biān
在 银 河 边
At the bank of the Milky Way

lǎo niú
老 牛：
Old Ox:

nǐ men kàn wǒ shì yì tóu lǎo niú
你 们 看 我 是 一 头 老 牛。
You think I am an old ox.

měi tiān hé niú láng yì qǐ gēng dì
每 天 和 牛 郎 一 起 耕 地。
I plough the fields with Cowherd every day.

qí shí a wǒ bú shì lǎo niú
其 实 啊，我 不 是 老 牛。
Actually, I am not an old ox.

wǒ běn shì tiān shàng de yí ge shén
我 本 是 天 上 的 一 个 神。
(looks around) I was once an angel living in heaven.

xū xìn bú xìn yóu nǐ zhè li
嘘! 信 不 信 由 你! 这 里
(to audience) Hush! It is up to you to believe or not!

méi rén zhī dào wǒ de mì mì
没 人 知 道 我 的 秘 密。
No one here knows my secret. *(looks around secretively)*

wǒ shì lǎo niú xīn shàn liáng
我 是 老 牛 心 善 良，
I am an old ox with a kind heart,

qín qín kěn kěn gēng dì máng
勤 勤 恳 恳 耕 地 忙。
diligently ploughing in the fields.

wú rén zhī wǒ yǒu shén lì
无 人 知 我 有 神 力，
No one knows I have magic powers,

mò mò wú yǔ bàn niú láng
默 默 无 语 伴 牛 郎。
silently I accompany Cowherd.

niú láng lái le
牛 郎 来 了。
Here comes Cowherd.

niú láng
牛 郎：
Cowherd:

wǒ shì niú láng zhè shì wǒ de lǎo
我 是 牛 郎，这 是 我 的 老
I am Cowherd. This is my Old

niú tā suī rán bú huì shuō huà kě
牛，它 虽 然 不 会 说 话，可
Ox, though he cannot speak,

shì wǒ men jiù xiàng liǎng ge xiōng dì
是 我 们 就 像 两 个 兄 弟。
he is like a brother to me.

(Cowherd stands on the right side of stage.)

zhī nǚ
织 女：
Weaver Girl:

wǒ shì tiān shàng wáng mǔ de wài sūn
我 是 天 上 王 母 的 外 孙
I am the granddaughter of Queen Mother in

nǚ měi tiān wèi wáng mǔ zhī bù
女，每 天 为 王 母 织 布。
heaven. Every day I weave cloth for Queen Mother.

dà jiā jiào wǒ zhī nǚ
大 家 叫 我 织 女。
People call me Weaver Girl.

wǒ cháng dào yín hé biān xǐ yī shang
我 常 到 银 河 边 洗 衣 裳。

I often come to the river to do my laundry.

(Weaver Girl stands on the left side of the stage.)

(Four people hold a 3-yard light-blue silky cloth to represent the river. Cowherd and Weaver Girl walk around and see each other on the opposite banks of the river. They wave at each other and talk.)

niú láng
牛 郎:
Cowherd:

nǐ zhè me měi shì shéi jiā de
你 这 么 美! 是 谁 家 的

You are so beautiful! Whose

guī nǚ
闺 女?

daughter are you?

zhī nǚ
织 女:
Weaver Girl:

wǒ shì zhī nǚ nǐ zhè me qín láo
我 是 织 女。你 这 么 勤 劳,

I am Weaver Girl. You are so diligent,

jiào shén me míng zi zhù zài nǎ li
叫 什 么 名 字, 住 在 哪 里?

what is your name and where do you live?

niú láng
牛 郎:
Cowherd:

wǒ jiào niú láng zhù zài yín hé
我 叫 牛 郎, 住 在 银 河

My name is Cowherd and I live on the west bank of the Milky Way

xī biān de xiǎo cūn li
西 边 的 小 村 里。

in a small village.

qǐng wèn nǐ cóng nǎ li lái
请 问 你 从 哪 里 来?

May I ask where you are from?

wǒ zěn me cóng lái méi jiàn guò nǐ
我 怎 么 从 来 没 见 过 你？
Why have I never seen you before?

zhī nǔ
织 女：
Weaver Girl:

wǒ zhù zài yín hé de dōng àn
我 住 在 银 河 的 东 岸。
I live on the east side of the Milky Way.

guò hé huán yǒu qiān bǎi lǐ
过 河 还 有 千 百 里。
After you cross the river, it is still thousands of miles away.

niú láng
牛 郎：
Cowherd:

qiān lǐ zhī wài méi yǒu rén yān
千 里 之 外 没 有 人 烟。
Thousands of miles away there are no villages.

zhī nǔ nǐ mò fēi shì tiān xiān
织 女，你 莫 非 是 天 仙？
Weaver Girl, could you be a fairy?

zhī nǔ
织 女：
Weaver Girl:

suàn nǐ cōng míng cāi de zhǔn
算 你 聪 明 猜 得 准，
You are smart and have guessed right.

wǒ zài tiān gōng zhī bù shí qī nián
我 在 天 宫 织 布 十 七 年。
I have woven cloth at a palace in heaven for seventeen years.

zhēn gāo xìng jīn tiān yǒu yuán
真 高 兴 今 天 有 缘
I am really happy that today I have had the luck to

yù jiàn nǐ
遇 见 你。
meet you.

niú láng
牛 郎：
Cowherd:

wǒ yě gāo xìng yù jiàn nǐ
我 也 高 兴 遇 见 你。
I am also glad to meet you.

wǒ shì nóng fū jiào niú láng
我 是 农 夫 叫 牛 郎，
(speaks to audience) I am a farmer named Cowherd

chéng jiā lì yè huán wèi xiǎng
成 家 立 业 还 未 想。
and have not thought of getting married.

yín hé biān shang yù zhī nǚ
银 河 边 上 遇 织 女，
Today I met Weaver Girl at the Milky Way,

pàn xiāng ài rì jiǔ tiān cháng
盼 相 爱 日 久 天 长。
I wish we will love each other forever.

lǎo niú
老 牛：
Old Ox:

móu móu móu
哞，哞，哞。
Moo, moo, moo ...*(sounds as if he is laughing at Cowherd)*

niú láng
牛 郎：
Cowherd:

lǎo niú lǎo niú bié xiào wǒ
老 牛，老 牛，别 笑 我，
Old Ox, Old Ox, do not laugh at me,

nǐ shì wǒ de hǎo xiōng dì
你 是 我 的 好 兄 弟。
you are my good brother.

wǒ ài dōng àn de zhī nǚ
我 爱 东 岸 的 织 女，
I fell in love with Weaver Girl from the east bank,

wǒ men hé mù xiāng chǔ zài yì qǐ
我 们 和 睦 相 处 在 一 起。
and we can live in harmony together.

zhī nǚ
织 女:
Weaver Girl:
tiān shang de wáng mǔ bié bào yuàn
天 上 的 王 母 别 抱 怨,
Queen Mother in heaven, please do not complain,

wǒ réng huì wèi nín zhī jǐn duàn
我 仍 会 为 您 织 锦 缎。
I will weave silk and satin for you as usual.

wǒ ài pǔ shí hān hòu de niú láng
我 爱 朴 实 憨 厚 的 牛 郎,
I love this honest and sincere man,

qiú nín ràng wǒ liú zài zhè rén jiān
求 您 让 我 留 在 这 人 间。
and beg you to let me stay here on earth.

dà jiā
大 家:
All:
zhī nǚ bú ài tiān gōng liáng
织 女 不 爱 天 宫 凉,
Weaver Girl does not like the coldness of the palace in heaven,

cháng dào yín hé xǐ yī shang
常 到 银 河 洗 衣 裳。
and often comes down earth to wash clothes.

zì cóng yù jiàn niú láng gē
自 从 遇 见 牛 郎 哥,
Since she met Cowherd,

yuàn zài rén jiān bǎ jiā dāng
愿 在 人 间 把 家 当。
she wants to stay on earth and make a home.

(Weaver Girl and Cowherd both walk in opposite directions and then walk back toward each other and start to talk.)

niú	láng		zhī	nǔ	a	wǒ	jiā	méi	yǒu	hǎo	chá

牛　郎：　　织　女　啊，我　家　没　有　好　茶

Cowherd:　　Weaver Girl, my home does not have fancy food and drinks,

			fàn	zhī	yǒu	wǒ	de	zhēn	xīn	yí	piàn

饭，只　有　我　的　真　心　一　片。

I can only promise you my true heart.

zhī	nǔ		niú	láng	gē	wǒ	bù	qiú	fù	guì

织　女：　　牛　郎　哥，我　不　求　富　贵，

Weaver Girl:　　Cowherd, I am not seeking wealth and fame,

		wǒ	huì	zhī	bù	néng	zhèng	qián

我　会　织　布　能　挣　钱。

I can weave to earn money.

niú	láng		zhī	nǔ	a	wǒ	huì	hǎo	hāo	ài	hù

牛　郎：　　织　女　啊，我　会　好　好　爱　护

Cowherd:　　Weaver Girl, I will cherish you,

		nǐ	ài	nǐ	ài	dào	hǎi	kū	shí	làn

你。爱　你　爱　到　海　枯　石　烂。

and love you till the seas run dry and the rocks crumble.

zhī	nǔ		niú	láng	gē	nǐ	de	huà	wǒ	láo	jì

织　女：　　牛　郎　哥，你　的　话　我　牢　记，

Weaver Girl:　　Cowherd, your words I will remember well,

		wǒ	yě	huì	hǎo	hāo	ài	hù	nǐ

我　也　会　好　好　爱　护　你。

I will also cherish you. We will not part

hǎi kū shí làn yě bù fēn lí
海 枯 石 烂 也 不 分 离。
even if the seas run dry and the rocks crumble.

(The performers holding the river lower the cloth so that Cowherd can help Weaver Girl cross the river. The two walk away hand in hand. The curtain closes.)

Scene 2

zài tiān shàng
在 天 上
In the sky

tiān bīng
天 兵:
Divine Troops:
bào gào wáng mǔ zhī nǚ xià fán hé
报 告 王 母, 织 女 下 凡 和
Report to Queen Mother, Weaver Girl went down to the

niú láng jié le hūn
牛 郎 结 了 婚。
earth and married Cowherd.

wáng mǔ
王 母:
Queen Mother:
zhī nǚ hé niú láng jié le hūn
织 女 和 牛 郎 结 了 婚,
Weaver Girl married a cowherd,

zěn néng bù ràng wǒ shēng qì
怎 能 不 让 我 生 气?
how can I not be furious?

tiān bīng men
天 兵 们!
Divine troops!

tiān bīng
天 兵:
Divine Troops:
zài
在。
Here we are.

wáng mǔ

王 母:

Queen Mother:

suí wǒ qù bǎ zhī nǚ dài huí lái

随 我 去 把 织 女 带 回 来。

Go with me to bring Weaver Girl back to heaven.

tiān bīng

天 兵:

Divine Troops:

shì wáng mǔ

是, 王 母。

Yes, Queen Mother.

Scene 3

zài yín hé biān

在 银 河 边

At the bank of the Milky Way

(Curtain opens. Queen Mother and her divine troops are looking for Weaver Girl. Cowherd and Weaver Girl walk back on stage, and the divine troops run after them and stop them.)

tiān bīng

天 兵:

Divine Troops:

wáng mǔ yǒu lìng dài zhī nǚ huí

王 母 有 令, 带 织 女 回

Queen Mother orders us to bring Weaver Girl back to

tiān gōng

天 宫。

heaven.

wáng mǔ lìng zhī nǚ mǎ shàng huí

王 母 令 织 女 马 上 回

Queen Mother orders Weaver Girl to return to heaven right away.

tiān gōng

天 宫。

(Weaver Girl is escorted by the divine troops, and Cowherd chases after them and argues with them.)

niú láng
牛 郎：
Cowherd:

tiān bīng men nǐ men tài wú qíng
天 兵 们 你 们 太 无 情。
Divine Troops, you are merciless.

wèi shén me yào dài zǒu zhī nǚ
为 什 么 要 带 走 织 女
Why do you want to take Weaver Girl away

pò huài wǒ men zhè fèn qíng
破 坏 我 们 这 份 情？
and undermine our love?

tiān bīng
天 兵：
Divine Troops:

zhī nǚ shì tiān shàng de yì xiān nǚ
织 女 是 天 上 的 一 仙 女。
Weaver Girl is a fairy in heaven.

zhī dào ma nǐ rě nù le
知 道 吗？你 惹 怒 了
Do you know that you have angered

tiān wáng mǔ
天 王 母！
the Queen Mother?!

(Weaver Girl is forced to cross the Milky Way. She turns her head and speaks to Cowherd.)

zhī nǚ
织 女：
Weaver Girl:

niú láng gē kuài kuài guò yín hé
牛 郎 哥，快 快 过 银 河。
Cowherd, hurry and cross the Milky Way.

wáng mǔ
王 母：
Queen Mother:

nǎ néng ràng nǐ zhè me róng yì
哪 能 让 你 这 么 容 易！
How can it be this easy for you!

wǒ bān dòng yín hé lán zhù nǐ
我 搬 动 银 河 拦 住 你。
I will move the Milky Way to stop you.

(Sound effect: as if the earth and sky are spinning)

(Queen Mother casts her magic spell while reciting the following rhyme.)

tīng shuō zhī nǚ jià niú láng

听 说 织 女 嫁 牛 郎，

I heard that Weaver Girl married Cowherd,

qì de wǒ yā shǒu bīng liáng

气 得 我 呀 手 冰 凉。

it drives me crazy and my hands turn ice cold.

bān dòng yín hé duàn cǐ qíng

搬 动 银 河 断 此 情，

I will move the Milky Way to stop the passion,

mò guài wáng mǔ hěn xīn cháng

莫 怪 王 母 狠 心 肠。

Do not blame me that I am cruel.

(People holding the silk cloth make big waves, then fold it up and run offstage.)

niú láng   tú rán jiān tiān xuán dì zhuǎn

牛 郎： 突 然 间，天 旋 地 转，

Cowherd: Suddenly, the sky and the earth are spinning,

shǐ wǒ yǎn huā jiǎo bù luàn

使 我 眼 花 脚 步 乱。

it makes my vision blurred and my steps unsteady.

(Cowherd faints and falls to the ground.)

zhī nǚ   niú láng gē niú láng gē

织 女： 牛 郎 哥，牛 郎 哥……

Weaver Girl: Cowherd, Cowherd…. *(her voice faints away)*

(Old Ox appears on the stage and slowly kneels down.)

lǎo niú　　　niú láng niú láng bié shāng xīn
老 牛：　　牛 郎, 牛 郎, 别 伤 心。
Old Ox:　　Cowherd, Cowherd, do not be sad.

　　　　　　niú láng niú láng nǐ xǐng yì xǐng
　　　　　　牛 郎, 牛 郎, 你 醒 一 醒。
　　　　　　Cowherd, Cowherd, please wake up.

(Cowherd slowly open his eyes.)

niú láng　　　lǎo niú nǐ? nǐ zěn me huì shuō huà
牛 郎：　　老 牛 你? 你 怎 么 会 说 话?
Cowherd:　　*(surprised)* Old Ox, is that you? How come you can speak?

lǎo niú　　　lǎo niú wǒ běn shì tiān shàng de shén
老 牛：　　老 牛 我 本 是 天 上 的 神,
Old Ox:　　I was once an angel living in heaven,

　　　　　　lái dào rén jiān gěi nǐ dāng lǎo niú
　　　　　　来 到 人 间 给 你 当 老 牛。
　　　　　　I came down to earth to serve you as an old ox.

　　　　　　nǐ dài wǒ jiù xiàng qīn xiōng dì
　　　　　　你 待 我 就 像 亲 兄 弟,
　　　　　　You treated me like your own brother,

　　　　　　jīn tiān ràng wǒ lái bāng zhù nǐ
　　　　　　今 天 让 我 来 帮 助 你。
　　　　　　today let me help you.

niú láng　　　kuài
牛 郎：　　快。
Cowherd:　　Hurry.

老 牛:
Old Ox:
yòng wǒ de niú pí zuò pī fēng
用 我 的 牛 皮 做 披 风,
Use my skin to make a cape,

nǐ néng shàng tiān qù jiàn zhī nǚ
你 能 上 天 去 见 织 女。
and you can fly to heaven and meet your wife.

(Old Ox dies after saying the words.)

牛 郎:
Cowherd:
lǎo niú nǐ zhè me yǒu yì qì
老 牛 你 这 么 有 义 气,
Old Ox you are so loyal, *(gently stroking ox's body as he takes the skin off)*

lái rì wǒ yí dìng bào dá nǐ
来 日 我 一 定 报 答 你。
some day I will repay your sacrifice.

(Cowherd wipes his tears, puts on the cape of ox skin, and starts to fly up. The voice of Weaver Girl comes from backstage.)

织 女:
Weaver Girl:
niú láng gē nǐ zài nǎ li
牛 郎 哥,你 在 哪 里?
Cowherd, where are you?

yín hé lù yuǎn nán wéi nǐ
银 河 路 远 难 为 你。
The Milky Way is far away and it is difficult for you.

牛 郎:
Cowherd:
niú pí pī fēng kuài xiǎn líng
牛 皮 披 风 快 显 灵,
Please let the power of your cape be felt,

dài wǒ shàng tiān jiàn zhī nǚ
带 我 上 天 见 织 女。
and bring me to heaven to meet my wife.

Scene 4

zài tiān shàng
在 天 上
In the sky

(Cowherd lands on the bank of the Milky Way in heaven.)

wáng mǔ
王 母：
Queen Mother:

niú láng nǐ zěn me lái dào zhè li
牛 郎，你 怎 么 来 到 这 里？
(totally surprised) Cowherd, how did you come here?

mò fēi shì lǎo niú xiè lòu le
莫 非 是 老 牛 泄 露 了
Could it be possible that Old Ox revealed the secrets

tiān jī
天 机。
of heaven?

niú láng
牛 郎：
Cowherd:

lǎo niú shě shēn jiù rén yǒu yì qì
老 牛 舍 身 救 人 有 义 气。
Old Ox is loyal and he gave his life to save me.

wǒ yào guò hé jiàn zhī nǚ
我 要 过 河 见 织 女。
I must cross the Milky Way to see Weaver Girl.

wáng mǔ
王 母：
Queen Mother:

kàn wǒ yòng fā zān xiǎn mó lí
看 我 用 发 簪 显 魔 力，
I will use my hairpin to show my magic power,

ràng yín hé páo xiào xià sǐ nǐ
让 银 河 咆 哮 吓 死 你。
and make the Milky Way roar and frighten you to death.

niú láng

牛 郎:
Cowherd:

wáng mǔ nǐ jìn guǎn yòng mó lì

王 母 你 尽 管 用 魔 力，

Queen Mother, although you have magic powers,

wǒ yǒu jué xīn wǒ bú fàng qì

我 有 决 心 我 不 放 弃。

I am determined not to give up.

wáng mǔ

王 母:
Queen Mother:

yào xiǎng guò yín hé bìng bù nán

要 想 过 银 河 并 不 难，

If you want to cross the Milky Way, then

nǐ bǎ yín hé de shuǐ yǎo gān

你 把 银 河 的 水 舀 干。

you have to drain the water from the river.

牛 郎:
Cowherd:
wǒ yòng hú lú piáo bǎ shuǐ yǎo
我 用 葫 芦 瓢 把 水 舀
I shall use a gourd ladle to scoop the water out of the

chū lái piáo piáo dōu shì wèi zhī nǚ
出 来, 瓢 瓢 都 是 为 织 女。
Milky Way, and every scoop is for my Weaver Girl.

织 女:
Weaver Girl:
wáng mǔ qǐng nín fàng wǒ huí rén jiān
王 母 请 您 放 我 回 人 间。
Queen Mother, please let me go back to earth.

王 母:
Queen Mother:
zhī nǚ nǐ wèi shén me bù tīng huà
织 女 你 为 什 么 不 听 话?
Weaver Girl, why don't you listen to me?

zài tiān shang nǐ kě yǐ huó qiān nián
在 天 上 你 可 以 活 千 年。
You can live a thousand years in heaven.

织 女:
Weaver Girl:
wǒ bù qiú cháng shēng dào yì qiān nián
我 不 求 长 生 到 一 千 年。
I do not wish to live for a thousand years.

王 母:
Queen Mother:
niú láng jiā pín bú pèi nǐ
牛 郎 家 贫 不 配 你。
Cowherd is poor and he does not suit you.

织 女:
Weaver Girl:
kě tā zhēn de yǒu qíng yì
可 他 真 的 有 情 意。
But he has much love and affection for me.

王 母:
Queen Mother:
zhè shì tiān mìng bù kě wéi
这 是 天 命 不 可 违!
This is heaven's will and you must obey!

wǒ bù néng zài ràng nǐ men jiàn

我 不 能 再 让 你 们 见！

I cannot let you see each other again!

zhī nǔ 　　méi yǒu niú láng gē zài shēn biān

织 女：　没 有 牛 郎 哥 在 身 边，

Weaver Girl:　Without Cowherd by my side,

qiān nián zài hǎo yě shì kōng rú yān

千 年 再 好 也 是 空 如 烟。

a thousand years means nothing to me.

(Weaver Girl turns away and looks extremely sad.)

niú láng 　　zhī nǔ a nǐ bié zháo jí

牛 郎：　织 女 啊， 你 别 着 急，

Cowherd:　Weaver Girl, do not worry,

yín hé de shuǐ yí dìng néng yǎo gān

银 河 的 水 一 定 能 舀 干。

the water in the Milky Way will be drained.

(Cowherd scoops the water from the river without stopping.)

zhī nǔ 　　niú láng gē xīn kǔ le nǐ

织 女：　牛 郎 哥， 辛 苦 了 你。

Weaver Girl:　Cowherd, thank you for going through the hardships.

wáng mǔ tā zhēn shì bù zhī dào

王 母 她 真 是 不 知 道，

Queen Mother really does not know that

tiān shàng rén jiān bù kě bǐ

天 上 人 间 不 可 比。

heaven and earth cannot be compared.

(Queen Mother looks at Cowherd who is still busy scooping water from the Milky Way.)

wáng	mǔ		zhī	nǚ	rú	cǐ	ài	niú	láng

王　母： 织　女　如　此　爱　牛　郎，

Queen Mother: Weaver Girl and Cowherd love each other so much,

kàn　lái　wǒ　shì　nán　zǔ　dǎng

看　来　我　是　难　阻　挡。

and it looks like I cannot stop them.

(She shakes her head and ponders.)

tiān　bīng　men

天　兵　们！

Divine troops!

tiān	bīng		zài

天　兵： 在。

Divine Troops: Here we are.

wáng	mǔ		jiào	tiān	xià	de	xǐ	què	men	lái

王　母： 叫　天　下　的　喜　鹊　们　来

Queen Mother: Call all magpies to come and

yín　hé　shàng　dā　ge　qiáo　ràng

银　河　上　搭　个　桥，让

build a bridge over the Milky Way,

niú　láng　zhī　nǚ　měi　nián　jiàn　yí　miàn

牛　郎　织　女　每　年　见　一　面。

where Cowherd and Weaver Girl can meet once a year.

tiān	bīng		xǐ	què	men	kuài	lái	yín	hé	shàng

天　兵： 喜　鹊　们　快　来　银　河　上

Divine Troops: Call the magpies to build a bridge over the Milky Way,

dā　qiáo　ràng　niú　láng　zhī　nǚ

搭　桥，让　牛　郎　织　女

and let Cowherd and Weaver Girl

měi nián jiàn yí miàn

每 年 见 一 面。

meet once a year.

(The magpie bridge is carried in and put in the center of the stage. Cowherd and Weaver Girl stand side by side on the bridge; all other performers come back on stage and recite the following lines.)

dà jiā   fū qī ēn ài hù zhēn xī

大 家: 夫 妻 恩 爱 互 珍 惜,

All:

The loving couple treasured each other,

zhēn qíng gǎn dòng tiān hé dì

真 情 感 动 天 和 地。

and their true feelings moved heaven and earth.

yì nián yí dù dé xiāng jiàn

一 年 一 度 得 相 见,

Queen Mother has allowed them to meet once a year

què qiáo huì zài qī yuè qī

鹊 桥 会 在 七 月 七。

on the magpie bridge on the seventh day of the seventh lunar month.

(Lights go off and performers hold several sets of holiday lights to form the Milky Way. Cowherd and Weaver Girl gradually raise the shining stars Altair and Vega, which move closer and closer.)

THE END

背景介绍

　　牛郎织女的神话传说是中国最浪漫的爱情故事之一。每年阴历七月初七，是牛郎和织女相会的日子，叫"七夕"，也叫"鹊桥会"。现在很多人把这一天叫做"中国的情人节"。传说牛郎和织女原是一对恩爱夫妻，被银河分隔后，变成两颗星星永远遥遥相望。这个小品根据牛郎织女的传说改编，以牛郎，织女，老牛和王母为主要人物，用独白和对话的形式叙说这个神话故事的前前后后。故事的对话中有十个汉语常用的副词和连词，表达时间，条件和让步等状语句，使学生有机会在实践中提高语言表达能力的水平。

教学建议

　　这个小品需要十二个学生来完成。学生通过小品的内容学习掌握词汇，特别要注意学生们的语音部分。定谁演四个重要角色以前，应让很多学生尝试表演这四个的角色的部分。学生达到能说得流利并会表演的程度大约要两个星期的时间。这个小品是庆祝中国新年和年终结业的好节目。

具体步骤

一、连续两天的家庭作业预习整个小品的内容。
二、帮助学生做网上阅读和搜集有关小品的内容。
三、让学生挑选各自喜欢的角色和内容并做仔细的阅读。
四、请学生分组讨论交流各自的部分；师生课上提问和回答问题。
五、留充分的时间让学生消化掌握各自的段落；教师个别辅导。
六、过脚本的内容，做必要调整，学生应会背诵各自的台词。
七、舞台定位、反复实践并着手服装和道具的制作。

服装道具

　　用锡纸做两颗大的星星当牛郎星和织女星。牛郎织女中的人物需要古代式样的服装。用蓝色的纸或布贴上学生画的喜鹊做一个想象中的鹊桥。

舞台表演

　　为使观众清楚，可利用幕前和幕后的效果表示天上和人间。可利用电脑投影机打出银河的背景。各个角色按先后次序上场，无论对话、叙述或诗歌都是以说话的表情，声音的响亮和简单的动作来与观众交流。

评估小结

一、请学生用自己或小品中的话叙说这个爱情故事。
二、问学生是否能背诵全部或部分小品的诗歌。
三、讨论并对比中国和西方的爱情故事。

Background Information

The story of Cowherd and Weaver Girl is one of the most romantic legends in China. This short play is an adaptation of the myth. The story ends when Cowherd crosses the magpie bridge to meet Weaver Girl on the seventh day of the seventh lunar month. Today in China this date is known as Chinese Valentine's Day. Two stars in the Milky Way, Altair and Vega, represent the loving couple from the legend. The four major characters tell the whole story with their monologues and dialogues. In the dialogues, ten common adverbs and conjunctions are used to indicate time, condition, and concession, providing opportunities for students to increase their proficiency through practice.

Teaching Suggestions

In total, at least twelve students are required for the play. Students learn new terms and expressions through the story's context. Pay special attention to the students' pronunciation. Let several students try out for the main characters before casting decisions are made. It takes about two weeks for students to become fluent in poem recitation. This play is more suitable for high school students and is a good activity to work on during the Chinese New Year or for year-end performances.

Preparatory Steps

1. Have students preview the script over two days of homework assignments.
2. Help students research the myth online to assist with comprehension.
3. Allow students to choose their own roles and then do a detailed reading of the script.
4. Divide the class into sections for discussion and answer students' questions.
5. Give students classroom practice time to learn their roles with your assistance.
6. Go over the script and make necessary adjustments to the roles.
7. Determine stage positions and prepare costumes and props.

Costumes and Props

Aluminum foil can be used to make two large stars, representing Altair and Vega. Cowherd and Weaver Girl can wear ancient-style costumes. Students can glue colorful magpie images onto blue paper or cloth to make the magpie bridge.

Stage Performance

To make the story clear to the audience, open the curtain on stage for the scene on earth and close the curtain for the scene in heaven. Use a computer projector to display the Milky Way as a background. Characters in costume appear on stage according to the plot sequence. Participants must try to communicate with the audience. This can be accomplished by a combination of eye contact, facial expressions, and clear speech.

Assessment

1. Have students carry on a real dialogue using vocabulary from the story.
2. Ask whether students can recite all or parts of the poem.
3. Discuss how love stories in other cultures compare to this Chinese myth.